FACULTÉ DE DROIT DE PARIS.

THÈSE

POUR

LE DOCTORAT

PAR

Paul BARET

AVOCAT

PARIS

IMPRIMERIE DE E. DONNAUD

9, RUE CASSETTE, 9

—

1868

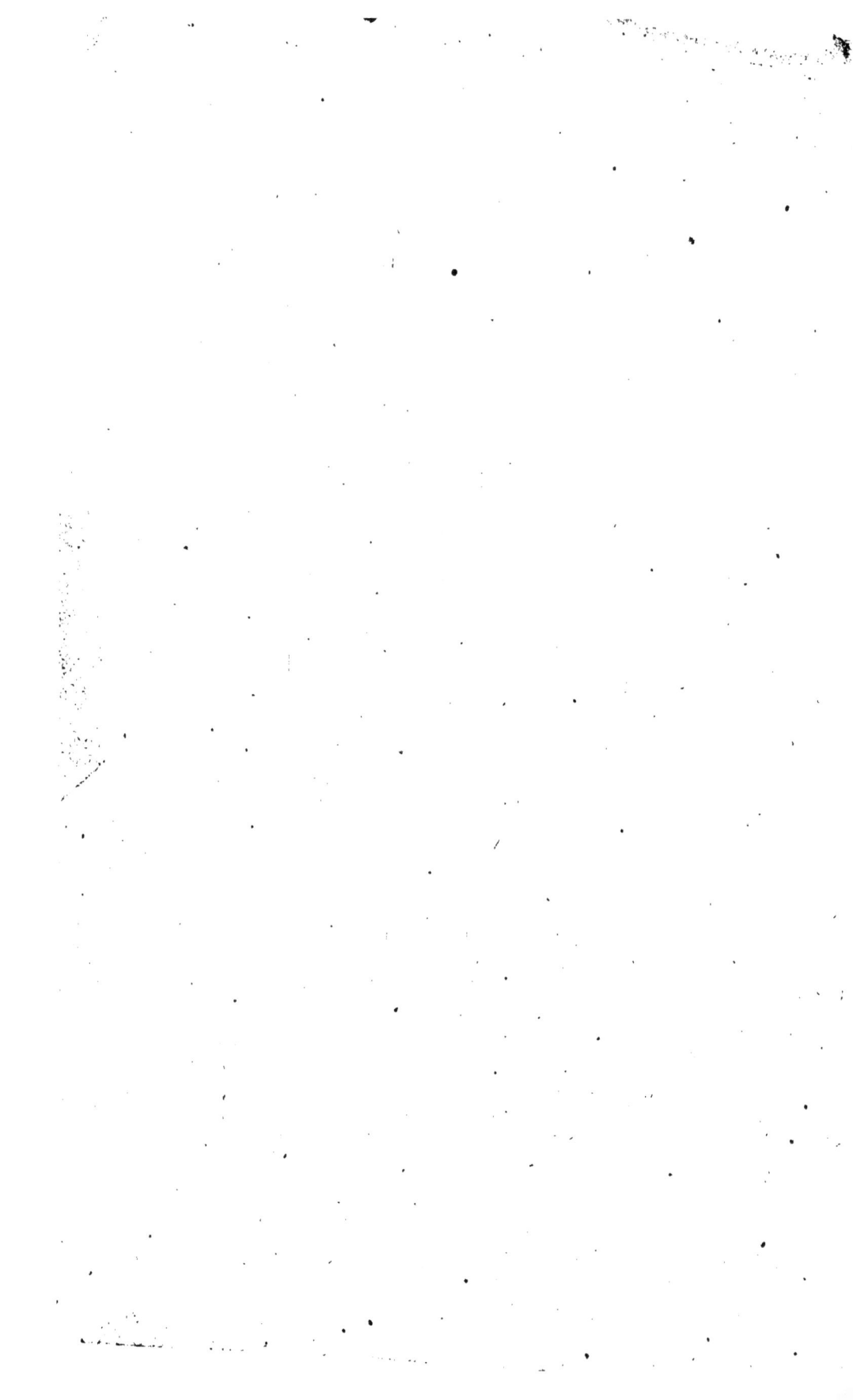

FACULTÉ DE DROIT DE PARIS

DES EFFETS DU CAUTIONNEMENT,

QUANT AUX RAPPORTS DE LA CAUTION

AVEC LE CRÉANCIER ET AVEC LES TIERS,

EN DROIT FRANÇAIS ET EN DROIT ROMAIN.

1241

THÈSE POUR LE DOCTORAT

PAR

Paul BARET

Né à Chartres (Eure-et-Loir).

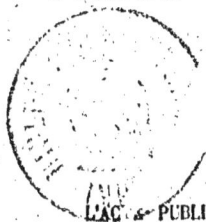

L'ACTE PUBLIC SUR LES MATIÈRES CI-DESSUS SERA SOUTENU,

Le jeudi 28 mai 1868, à 2 heures,

EN PRÉSENCE DE M. L'INSPECTEUR-GÉNÉRAL Ch. GIRAUD,

PRÉSIDENT : **M. VALETTE**, *professeur*,

SUFFRAGANTS
{
MM. PELLAT,
COLMET DE SANTERRE, } *professeurs.*
BUFNOIR,

BOISSONADE, *agrégé.*

PARIS

IMPRIMERIE DE E. DONNAUD

RUE CASSETTE, 4.

1868

28740

S082 366

(C)

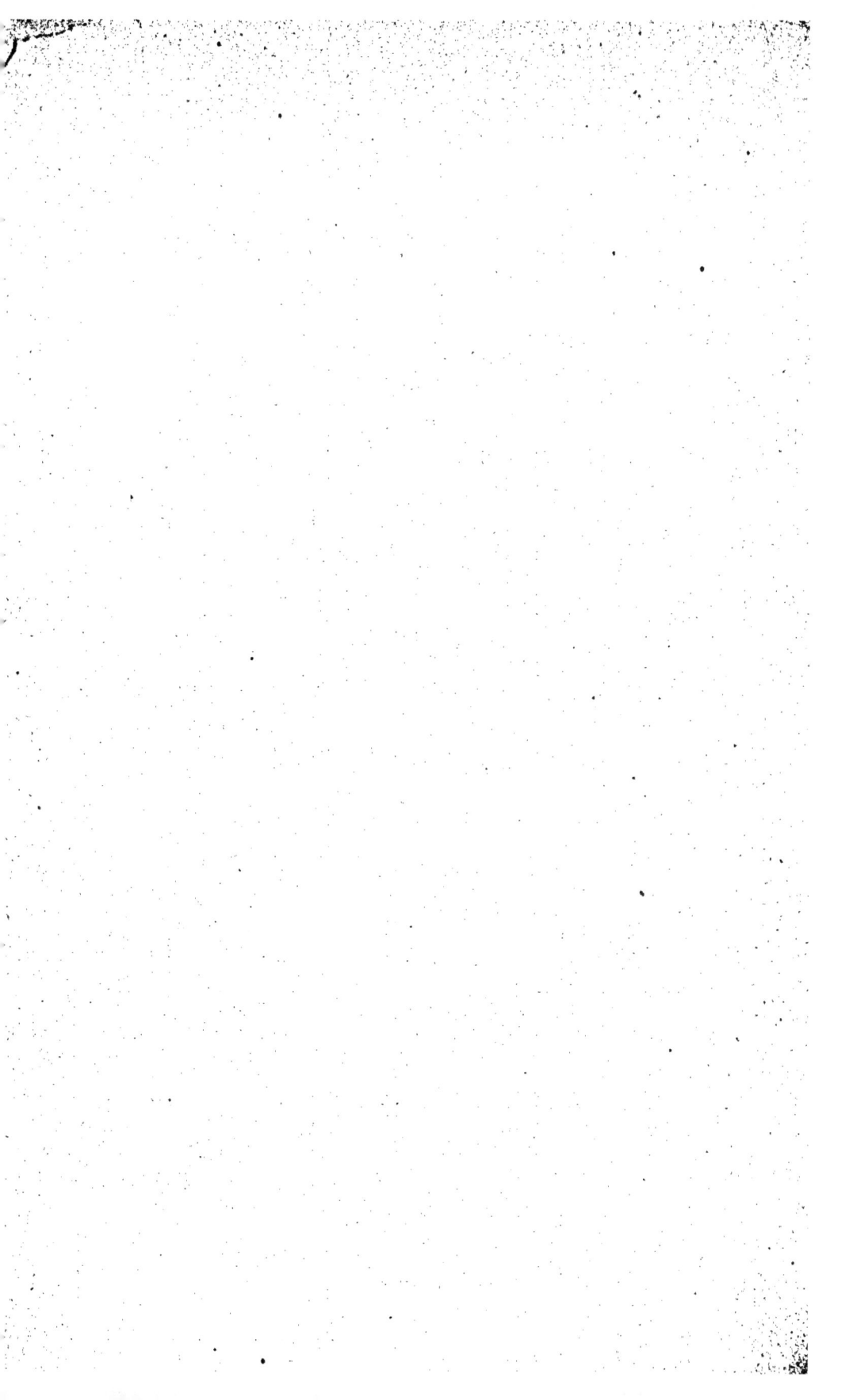

TABLE DES MATIÈRES.

—

DROIT FRANÇAIS.

DROIT ROMAIN.

—◦❍◦—

DROIT FRANÇAIS.

DIVISION DE LA MATIÈRE EN DEUX PARTIES.

Une personne s'est portée caution; elle sera nécessairement en rapport avec le créancier, par suite du contrat qu'elle a fait avec lui. L'examen de sa position vis-à-vis du créancier fera l'objet de la première partie.

Il peut arriver aussi qu'elle se trouve en rapport avec d'autres personnes; ces personnes sont ordinairement des tiers, car le contrat de cautionnement ne se fait le plus souvent qu'entre deux parties. Or, parmi ces tiers, il en est un qu'on rencontre toujours; c'est le débiteur principal; et il y en a d'autres dont l'existence n'a rien de nécessaire : c'est principalement des tiers de cette espèce qu'on s'occupera dans la deuxième partie.

PREMIÈRE PARTIE.

DES RAPPORTS DE LA CAUTION AVEC LE CRÉANCIER.

DIVISION EN TROIS POINTS.

Le contrat de cautionnement s'étant formé, ce sera d'ordinaire la poursuite dirigée par le créancier contre la caution, qui mettra ces deux personnes en présence l'une de l'autre ; mais il peut se faire que la caution prenne les devants, soit pour demander la nullité de son obligation, soit pour offrir le payement de la dette. Il convient donc d'examiner d'abord le cas où la caution agit en nullité ou offre le payement : cela fera l'objet d'un premier point ; puis le cas dans lequel elle attend les poursuites du créancier : et sur ce second point on recherchera quelles exceptions la caution peut lui opposer ; enfin, dans un troisième point, on montrera que le payement volontaire ou forcé fait par la caution, donne quelquefois naissance à des rapports nouveaux entre elle et le créancier.

PREMIER POINT. — *La caution agit en nullité ou offre le payement de la dette.*

§ 1er. — Action en nullité.

1re cause. — Nullité de l'obligation principale. L'obligation de la caution étant accessoire, n'est pas valable si l'obligation principale ne l'est pas ; par exemple, on ne pourrait pas cautionner valablement la promesse faite par un vendeur de ne pas exercer l'action en rescision pour lésion (1), ni le traité intervenu entre un tuteur et son ex-pupille avant la reddition du compte de tutelle (2), etc. Par conséquent, celui qui aurait cautionné une convention de ce genre pourrait en faire prononcer la nullité et serait dès lors déchargé.

Mais si l'obligation principale est seulement entachée d'une nullité relative, la caution ne pourra pas toujours en demander la nullité : elle le pourrait si le consentement du débiteur principal avait été vicié par la violence, l'erreur ou le dol (3), et ce droit ne lui serait pas enlevé par la ratification du débiteur principal (4). Au contraire, la caution ne pourrait pas se prévaloir de l'incapacité du débiteur principal (art. 2012), même si celui-ci avait fait prononcer la nullité, et encore qu'elle eût figuré dans l'instance (5).

2° cause. — Résolution de l'obligation principale

Si l'on suppose une obligation principale valablement formée, mais affectée d'une condition résolu-

(1) Art. 1674 du Code civil.
(2) Art. 472.
(3) Art. 2036. — Ponsot, Traité du cautionnement, n° 59, page 64 ; Aubry et Rau, Cours de droit civil français, III, page 500, note 12.
(4) Art. 1338 dernier alinéa. — Ponsot, n° 60, page 65 ; Aubry et Rau, III, page 501, note 15.
(5) Aubry et Rau, III, page 7, n° 3, et page 494 in fine.

toire, la réalisation de la condition fera tomber le cautionnement (art. 1183).

3° *cause.* — Nullité tenant à ce que la dette ne pouvait pas être cautionnée.

Le cautionnement d'une dette de jeu n'est pas civilement efficace, car la loi repousse toute action en payement d'une obligation dont la cause se trouverait dans une convention de jeu (art. 1965) (1). Le seul effet de la convention de jeu est d'empêcher la répétition de ce qui a été payé (art. 1967); la loi présume que si l'on a pu payer, c'est que le jeu n'a pas été trop exagéré.

4° *cause.* — Diversité d'objet, ou excès dans l'obligation accessoire.

Dans les deux cas, la nullité tient à l'objet de l'obligation accessoire; dans le premier cas, l'objet est différent de celui de l'obligation principale ; dans le second, il est excessif.

1° *cas.* — Diversité d'objet. — On ne peut s'engager valablement comme caution, qu'à la prestation totale ou partielle de ce que doit le débiteur principal ; ainsi on peut cautionner pour 10,000 fr. ou pour une moindre somme celui qui doit 10,000 fr. ; mais on ne pourrait pas promettre au créancier d'une somme d'argent, de lui payer des denrées : il est vrai que cette promesse serait obligatoire, car la volonté des parties peut toujours les lier, mais il n'y aurait pas là un cautionnement proprement dit (2). A l'in-

---

(1) Aubry et Rau, III, page 7, n° 2. — Ponsot, n° 73, page 78.
(2) Ponsot, n° 100, page 108.

verse, on peut promettre une somme d'argent lorsque le débiteur principal doit autre chose que de
l'argent, par exemple des denrées, ou un certain
travail, et il y aura un cautionnement dans le sens
propre du mot (1).

Celui qui doit une maison peut être cautionné
valablement pour l'usufruit de cette maison; c'est
un cautionnement partiel (2).

2ᵉ *cas*. Excès dans l'obligation accessoire. — Il
peut arriver que le cautionnement soit nul en partie
seulement, c'est quand l'obligation de la caution
excède l'obligation principale; en effet, elle n'est pas
nulle pour le tout, mais seulement réductible (art.
2013).

L'excès dans l'obligation accessoire peut résulter
de la quantité des choses promises, de la fixation
d'un certain lieu pour le payement, de la suppression
d'une condition, etc. (3); mais il n'y a pas un excès
dans l'obligation accessoire, par cela seul que le lien
de droit qui astreint la caution est plus étroit; ainsi
on peut valablement cautionner une obligation naturelle, ou une obligation susceptible d'être rescindée
pour cause d'incapacité (4).

---

(1) Ponsot, n° 97, pages 104 et suiv.
(2) Pothier, *Traité des obligations*, n° 369.
(3) Ponsot, n°ˢ 101 et suiv., page 110.
(4) Pothier, n° 376. Suivant M. Aubry et Rau, on peut cautionner une dette naturelle, mais la caution ne peut pas être
contrainte au payement (III, page 494, note 5). La deuxième de
ces propositions paraît détruire la première : cautionner
une obligation naturelle, serait s'obliger à payer *si on le veut*

Voilà quatre causes de nullité tenant à ce que le cautionnement est un contrat accessoire. En outre, il est soumis aux nullités qui peuvent atteindre tous les contrats. Ainsi :

5° La caution peut agir en nullité lorsque son consentement a été vicié par la violence, l'erreur ou le dol. Ce point n'offre rien de particulier à la matière du cautionnement.

6° Enfin, elle peut invoquer l'incapacité où elle se trouvait en contractant, par exemple sa qualité de mineur, d'interdit, de femme mariée.

La femme mariée serait valablement autorisée par son mari à cautionner un débiteur du mari, et elle ne pourrait demander la nullité du cautionnement, que s'il servait à déguiser une libéralité en faveur du mari (1).

Il n'est plus défendu aujourd'hui à une femme française de s'obliger pour autrui ; cela résulte évidemment de l'art. 1431 du Code civil. Mais si une femme appartenant à une nation étrangère dont la loi admet le sénatus-consulte Velléien, avait cautionné une dette, même en France, elle pourrait se prévaloir de la loi de son pays ; en effet, cette loi rentre dans son statut personnel, et l'on admet généralement, par argument *a contrario* de l'art. 3 du Code civil, que le statut personnel des étrangers

bien ; or, l'obligation contractée sous une condition purement potestative est nulle. (Art. 1174.)

(1) Art. 1099. — Arrêt de cassation du 13 octobre 1812. (Tabasso — Borelli) Sir., 1813, I, page 413.

les suit en France, comme le statut personnel des
Français les suit à l'étranger (1).

Il en serait de même si cette femme étrangère, au
lieu de se porter caution personnelle, avait hypothéqué un immeuble situé en France; il est vrai que
les immeubles situés en France sont régis par la loi
française, aux termes de l'art. 3, deuxième alinéa,
mais il ne s'agit ici que de savoir si la femme
étrangère a eu la capacité d'hypothéquer cet immeuble; or, ce qui a trait à la capacité des personnes
rentre dans le statut personnel. C'est ainsi qu'une
femme française mariée ne pourrait pas aliéner, sans
le consentement de son mari, des immeubles situés
en pays étranger, quand même la loi de ce pays
permettrait aux femmes mariées de contracter sans
l'autorisation de leur mari (2).

§ 2. — Payement avant les poursuites.

La caution peut offrir le payement de la dette
soit avant, soit après l'échéance; et en général elle
peut, dans un cas comme dans l'autre, forcer le créancier à recevoir le payement, s'il est intégral.

Elle a le droit de payer avant l'échéance, si le
terme n'a pas été stipulé en faveur du créancier;
en effet, le terme qui est en faveur du débiteur profite à la caution, et comme elle peut s'en prévaloir,

(1) Ponsot, n° 131, page 111.
(2) Ponsot, n° 132, page 112. — Contrà, Pothier, n° 338 in fine.

elle peut aussi y renoncer. Mais en faisant ce payement prém...é, la caution se prive du droit de recourir contre ses cofidéjusseurs par l'action de gestion d'affaires, car il ne serait pas juste qu'elle pût leur réclamer les intérêts de l'avance, à compter de l'époque anticipée où il lui a plu de la faire. C'est ce que décide l'art. 2033 *in fine* (1).

Les offres et la consignation sont la sanction du droit de payer (art. 1257); mais la consignation seule ne libérera pas la caution; jusqu'à ce que le créancier ait accepté les choses offertes, elle pourra les retirer, et elle se retrouvera dans la même position qu'auparavant (art. 1261). Si, au contraire, le créancier avait accepté ses offres, ou si elle avait obtenu un jugement passé en force de chose jugée qui les eût déclarées valables, elle ne pourrait plus, contre le gré du créancier, retirer la consignation; et quand même le créancier consentirait au retirement, la position de la caution pourrait se trouver changée : si elle avait des cofidéjusseurs, ils seraient libérés (art. 1202), car ils avaient pu légitimement compter sur leur libération.

La caution ne peut pas forcer le créancier à recevoir une partie de ce qu'elle lui doit, mais ce qu'elle doit peut n'être qu'une partie de la dette principale; ainsi elle avait cautionné la moitié, le tiers, ou le quart de la dette : le payement de cette moitié, de ce tiers, ou de ce quart, est pour elle un payement total, puisque c'est tout ce qu'elle doit.

(1) Voy. pages 45 et s.

Celui qui a cautionné plusieurs débiteurs conjoints, envers le même créancier, peut payer la dette d'un seul, car il y a autant de cautionnements que de dettes cautionnées (1).

Mais si la caution s'est obligée pour toute la dette conjointement avec d'autres cautions, elle ne pourra pas ne payer que sa part; il est vrai qu'elle pourrait, sur les poursuites du créancier, opposer le bénéfice de division, mais elle n'a pas ce bénéfice tant qu'elle n'est pas poursuivie; elle est tenue pour le tout, et par conséquent elle ne peut pas forcer le créancier à recevoir seulement une partie (2).

DEUXIÈME POINT. —*La caution attend les poursuites du créancier.*

Le créancier a fait à la caution une sommation ou un commandement; la caution devra-t-elle payer sur-le-champ, pourra-t-elle par quelque moyen légal se dispenser de payer ou retarder le payement, sera-t-elle forcée de payer toute la dette? Telles sont les questions dont la solution fera l'objet de ce deuxième point.

D'abord la caution peut prétendre que l'action du créancier est prématurée; ou que le cautionnement est nul ou éteint, soit pour le tout, soit en partie; elle peut aussi, sans alléguer la nullité ou l'extinction

(1) Ponsot, page 218.
(2) Ponsot, n° 223, page 246.

du cautionnement, produire des exceptions qui auront pour effet de rejeter les poursuites sur le débiteur principal, ou bien de faire supporter à ses coti-
déjusseurs une partie de l'avance.

Premier moyen. — La caution a le droit d'invoquer les exceptions par lesquelles le débiteur principal peut différer le payement : par exemple, la caution
d'un acheteur qui est troublé ou qui a juste sujet
de craindre d'être troublé, peut invoquer l'exception
écrite dans l'art. 1653 du Code civil.

Deuxième moyen. — 1° La nullité du cautionnement. On a vu plus haut les cas dans lesquels la
caution peut demander la nullité ; elle peut dans les
mêmes cas l'opposer par voie d'exception.

2° L'extinction du cautionnement. Le cautionnement peut s'éteindre principalement ou par voie de
conséquence.

Principalement : 1° par le fait du créancier prévu
dans l'art. 2037 du Code civil; 2° par les modes
d'extinction qui sont communs à toutes les obligations (art. 2034).

A. EXTINCTION DU CAUTIONNEMENT PAR VOIE PRINCIPALE.

§ 1er. — Fait du créancier prévu dans l'art. 2037.

Le cautionnement pourra s'éteindre lorsque, par
le fait positif ou par la négligence (1) du créancier,

(1) Aubry et Rau, III, page 507, note 5. — Ponsot, n° 332,
page 414. — Arrêt de rejet du 7 juillet 1862 (Bouchez — Fri-
zon) Sir., 62, I, page 799.

la subrogation au profit de la caution est devenue
impossible. Par exemple : le créancier a donné main-
levée d'une hypothèque fournie par le débiteur
principal, ou bien il a omis de prendre ou de re-
nouveler en temps utile une inscription hypothécaire. Mais il faut tempérer cette règle en disant que
si l'impossibilité de la subrogation provient d'un fait
qui est imputable à la caution tout aussi bien qu'au
créancier, elle ne peut pas s'en prévaloir pour obtenir sa décharge (1).

Les sûretés dont la destruction éteint l'obligation
de la caution sont celles qui existaient avant le contrat de cautionnement, ou qui ont été fournies en
même temps (2). En effet, la disposition de l'art. 2037
ne peut s'expliquer que par une raison d'équité :
la caution a pu légitimement compter sur telle ou telle
sûreté qui existait quand elle s'est obligée ; il y
aurait injustice à permettre au créancier de la priver
à son gré de recours sur lesquels elle avait compté ;
mais pour les sûretés postérieurement acquises,
elle ne les avait point en vue lorsqu'elle s'est obligée.
La même raison d'équité n'a donc plus d'application, quant à ces sûretés, et cela est évident surtout
lorsque le créancier ne les doit qu'à sa diligence

(1) Ponsot, n° 333, page 417. — Aubry et Rau, III, page 507,
note 6.

(2) Mourlon, *Des subrogations personnelles*, page 99. — Aubry
et Rau, III, page 507, note 7. — Arrêt de cassation du 27 novembre 1861 (Dufaure-Laprade—Espinet). Sir., 61, I, page 131 ;
autre arrêt de cassation du 10 décembre 1866 (Fauré — De-
camps). Sir., 67, I, page 15.

personnelle, par exemple au soin qu'il a pris d'obtenir un jugement qui lui a procuré une hypothèque. C'est ce qui se présentait dans l'hypothèse sur laquelle a statué l'arrêt de cassation du 27 novembre 1861, indiqué à la note de la page précédente.

Ce qui fait que la caution est déchargée, c'est qu'elle ne peut plus être subrogée; or, si le créancier a seulement diminué les sûretés, l'impossibilité de la subrogation n'est plus que partielle, donc la caution ne sera libérée que dans la même proportion ; encore faut-il que la caution éprouve un préjudice, et la libération qu'elle obtiendra ne pourra jamais dépasser la mesure du préjudice qu'elle éprouve (1). — Le fondement de l'art. 2037 est, on l'a déjà dit, une raison d'équité : la caution a vraisemblablement compté sur certaines sûretés qui appartenaient au créancier lorsqu'elle s'est obligée, et qu'elle pouvait obtenir pour elle-même au moyen de la subrogation ; il ne peut pas dépendre du créancier de les lui enlever. Or, ce motif milite aussi bien en faveur de la caution solidaire que de la caution simple. Sans doute l'art. 2021, *in fine*, décide que l'engagement de la caution solidaire « se règle par les principes qui ont été établis pour les dettes solidaires, » et les débiteurs solidaires ne peuvent pas invoquer la disposition de l'art. 2037; d'où il résulterait que la caution solidaire n'en jouit pas plus qu'eux, mais il faut donner à cette disposi-

(1) Aubry et Rau, III, page 508, note 9. — Ponsot, n° 334, page 418.—Arrêt de rejet du 19 janvier 1863. (Hardy — Hardy). Sir., 63, 1, p. 187.

tion de la loi le sens qui est commandé par ce qui la
précède et par ce qui la suit, c'est-à-dire qu'il faut
entendre que la caution solidaire n'a pas le bénéfice
de discussion. Or, de la renonciation faite par la caution à ce bénéfice, et en outre au bénéfice de division,
renonciations qui résultent de ce qu'elle s'est obligée
solidairement, il n'y a rien à conclure quant au bénéfice de subrogation, si ce n'est qu'il lui importe
d'autant plus de l'avoir qu'elle sera plus exposée à
faire l'avance (1).

Par analogie, la disposition équitable de l'art. 2037
doit pouvoir être invoquée par les cautions réelles (2);
mais le même bénéfice ne peut pas appartenir au
tiers détenteur d'un immeuble hypothéqué (3).

§ 2. — **Extinction du cautionnement par les modes
d'extinction qui sont communs à toutes les obligations.**

1° *Payement*. —La caution peut opposer au créancier
qui la poursuit, un payement total en partiel qu'elle
aurait déjà fait. C'est là un fait qui éteint directement l'obligation de la caution ; mais l'obligation

(1) Mourlon, pages 480 et suiv. — Pont, sur l'art. 2037,
n° 368, page 479. — Ponsot, n° 329, page 408. — Aubry et
Rau, III, page 608, note 11. — Il y a plusieurs arrêts de la
Cour de cassation en ce sens, le dernier est un arrêt de rejet du
23 février 1857. (Marmillod — Sividre). Sir., 57, 1, p. 360.
(2) Aubry et Rau, page 507, note 12. — Motif d'un arrêt de
cassation du 10 août 1814 (Marin). Sir., 15, 1, page 212.
(3) Dupret, *Revue du droit français et étranger*, 1845, p. 401
et 505.

du débiteur principal se trouve également éteinte, car la chose due ayant été payée par la caution, le créancier ne peut plus la réclamer à personne.

Une caution, en payant, entend se décharger elle-même plutôt que libérer ses cofidéjusseurs ; il en résulte que si avant la poursuite actuelle, le créancier a reçu d'une des cautions un payement partiel, il a dû comprendre que la caution payait pour elle-même ; d'où il suit que cette caution poursuivie en payement du reste de la dette, pourra, en opposant le bénéfice de division, imputer sur sa part ce qu'elle a déjà payé, et qu'elle ne sera plus tenue que de fournir le complément de cette part (1).

2° *Novation*. — La novation a pu avoir lieu :

1° Par changement de débiteur : ainsi la caution a pu faire agréer au créancier une autre personne qui consentait à s'obliger à sa place.

2° Par changement de créancier : ainsi le débiteur principal avait deux créanciers solidaires, la caution s'était obligée envers l'un, ce créancier a pu consentir à la décharger à la condition qu'elle s'obligerait envers l'autre.

3° Par changement d'objet : il peut arriver qu'en faisant cette novation, le débiteur accessoire perde la qualité de caution proprement dite, car il est de l'essence du cautionnement que la caution doive la même chose que le débiteur principal ; or, si la caution a promis autre chose, ce n'est plus comme cau-

(1) Ponsot, n° 298, page 368.

tion qu'elle sera obligée, c'est en vertu d'un contrat innomé. Ainsi : le débiteur principal et la caution devaient une somme d'argent, puis la caution est convenue avec le créancier qu'elle devra des denrées; cette obligation nouvelle ne sera pas régie par les dispositions de la loi sur le cautionnement, mais d'après l'intention que les parties auront eue.

Ces trois modes peuvent se combiner entre eux.

— Les obligations des cofidéjusseurs sont indépendantes les unes des autres, par conséquent la novation de l'une n'entraîne pas l'extinction des autres (1) (sauf, le cas échéant, l'application de l'art. 2037). Si quatre cautions se sont obligées à payer 100 hectolitres de blé en nature, et que l'une d'elles soit ensuite convenue avec le créancier qu'elle payerait en argent, il est bien évident que les autres ne seront pas libérées.

Ce principe fournit la solution d'une difficulté :

La dation en payement libère les cautions, encore que le créancier soit évincé de la chose donnée en payement (art. 2038). Est-ce une exception aux principes?

Oui, dit-on, car si le créancier est évincé, c'est que la chose donnée en payement n'appartenait pas au débiteur, donc la dation en payement est non avenue, et par conséquent les choses doivent être remises dans le même état qu'auparavant; d'où il suit

----

(1) Arrêt de cassation du 18 juillet 1866 (De Colleville — Puy de la Batie). Sir., 66, 1, page 430.

que si les cautions sont libérées définitivement, c'est une exception introduite en leur faveur (1).

D'autres jurisconsultes ont vu dans l'art. 2038 l'application d'un principe : la dation en payement contiendrait deux choses, une novation et un payement. Celui qui était créancier d'une chose, et qui consent à recevoir une autre chose, abandonne sa première créance et en acquiert une autre qui est immédiatement éteinte par un payement ; or la caution est libérée par la novation contenue dans la dation en payement, et peu lui importe que le payement qui est fait ensuite soit valable ou non. On ajoute que le texte de l'art. 2038 confirme cette explication, puisque ce qu'il présente comme devant décharger la caution, c'est : « l'acceptation volontaire que le créancier a faite d'un immeuble ou d'un effet quelconque en payement de la dette principale (2). »

Mais voici le point vulnérable : lorsqu'une des cautions a fait la dation en payement, les autres sont libérées définitivement d'après l'art. 2038 ; or cette libération ne résulte pas de ce que l'obligation de la caution aurait été novée par la dation en payement, puisque la novation de l'obligation d'une caution n'entraîne pas la libération des autres.

3° *Remise.* — Si le créancier avait fait à la caution une remise gratuite, elle pourrait, s'il la poursuit, lui opposer cette remise. — D'après l'art. 1287 du

(1) Ponsol, page 444.
(2) Aubry et Rau, III, page 806, note 1, et page 150, note 18

Code civil, la caution ne pourrait pas se prévaloir de la remise faite à l'un de ses cofidéjusseurs, mais il est impossible d'admettre que sa position en soit aggravée (1); elle pourrait donc l'invoquer pour sa part. C'est ce qui a lieu pour les codébiteurs solidaires, lorsque le créancier a fait remise à l'un d'eux de la solidarité (art. 1210). Il faut d'ailleurs concilier l'art. 1287 avec l'art. 2037, qui accorde à la caution sa libération lorsque, par le fait du créancier, la subrogation est devenue impossible; or ici elle ne pourrait plus avoir lieu contre la caution libérée par la remise (2).

Si la remise a été faite moyennant un prix, ce que la caution a donné pour sa décharge est imputé sur la dette, de telle sorte que le débiteur et les autres cautions sont libérées d'autant, et qu'elle-même continue d'être tenue pour le surplus. C'est ce qui est contenu dans l'art. 1288, disposition bizarre qu'il est facile de tourner, en ne mentionnant pas dans l'acte qui constate la remise le payement fait par la caution au créancier.

4° *Serment, transaction, jugement.* — La caution peut se prévaloir du serment qu'elle a prêté, de la transaction qu'elle a faite, du jugement qu'elle a obtenu relativement à l'existence du cautionnement, comme le créancier pourrait s'en prévaloir contre

(1) On suppose que ce fidéjusseur s'était obligé en même temps qu'elle ou avant elle, de telle sorte qu'elle a pu compter sur lui.

(2) Ponsot, page 388.

elle s'ils lui étaient favorables. Elle peut aussi invoquer le serment, la transaction, ou le jugement, intervenus entre le créancier et un tiers, et qui décla-
rent que ce tiers est obligé comme caution; car de
même qu'une caution peut se prévaloir, à l'effet
d'opposer le bénéfice de division, d'un autre cautionnement reçu par le créancier à une époque quelconque, de même elle doit pouvoir invoquer ces
actes qui ne sont que la constatation de l'existence
d'un contrat de cautionnement. Mais si un des fidéjusseurs qui s'étaient engagés en même temps qu'elle,
ou qui l'étaient auparavant, se trouvait libéré par
un de ces actes, elle pourrait invoquer l'art. 2037,
et forcer ainsi le créancier à déduire de ce qu'il lui
réclame, la part du fidéjusseur libéré.

5° *Compensation*. — La compensation peut être
opposée par la caution au créancier devenu son débiteur, mais elle n'a pas lieu de plein droit (1). Au
contraire, une caution ne peut pas invoquer la compensation de ce que le créancier doit à une autre
caution (2). C'est une des nombreuses exceptions au
principe formulé par la loi d'une façon beaucoup
trop générale, que la compensation s'opère de plein
droit.

6° *Confusion*. — La confusion est plutôt une chose
de fait qu'une chose de droit; elle ne doit ni nuire,
ni profiter à personne.

(1) Aubry et Rau, III, page 159 4°.
(2) Art. 1294, 3e alinéa, argument *a fortiori*.

Par conséquent, la confusion qui se produit entre le créancier et l'une des cautions ne fera pas retomber sur son cofidéjusseur la part qu'elle eût supportée, et à l'inverse ce cofidéjusseur ne sera point libéré de la partie de la dette qui devait rester à sa charge.

Autre conséquence : si la confusion a lieu entre le débiteur principal et la caution, les hypothèques et les certificateurs fournis par la caution subsistent (art. 2035). Ce qui montre bien qu'il y a plutôt un empêchement à l'exercice du cautionnement qu'une extinction du cautionnement.

Enfin, il résulte du même principe, que si la caution d'un incapable devient son héritier, elle est valablement obligée comme caution, quoiqu'elle succède à l'action en nullité ou rescision de l'obligation principale (1).

·La confusion peut encore avoir lieu entre deux cautions : s'il n'y en avait que deux, celle qui devient héritière de l'autre ne pourrait plus, cela est évident, opposer le bénéfice de division ; mais cependant les deux obligations, pour être réunies sur la même tête, n'en restent pas moins distinctes, et conservent leurs caractères particuliers ; par exemple, l'une peut être affectée d'un terme qui ne s'applique pas à l'autre ; et si l'on suppose qu'il y avait trois cautions, et que l'une est devenue héritière d'une des deux autres, la

(1) Aubry et Rau, III, page 507, note 4. — Ponsot, n° 323, page 400.

division de la dette ne pourra être requise contre la troisième caution que pour un tiers, comme si les cautions étaient encore là toutes les trois, et non pas pour moitié, quoiqu'il n'y ait plus que deux personnes en présence l'une de l'autre.

Voilà les causes d'extinction du cautionnement que la caution poursuivie par le créancier peut lui opposer, en supposant que l'obligation principale subsiste toujours. Mais il peut arriver que la dette principale soit éteinte en tout ou en partie, l'extinction du cautionnement qui n'est qu'un accessoire en est résultée, et la caution pourra s'en prévaloir.

B. EXTINCTION DU CAUTIONNEMENT PAR VOIE DE CONSÉQUENCE.

1° *Payement.* — Tout payement fait par une personne quelconque éteint le droit du créancier, et libère par conséquent la caution envers lui.

Mais s'il y a subrogation, l'obligation de la caution subsiste encore envers le subrogé, conformément à l'art. 1252 du Code civil : « la subrogation... a lieu tant contre les cautions que contre les débiteurs. » La libération n'est alors que relative, et il en est du débiteur principal comme de la caution : libéré envers le créancier originaire, il est tenu envers la personne qui est subrogée dans les droits du créancier.

— La libération absolue ou relative de la caution peut être soit totale, soit partielle.

Si le payement est intégral, la caution est entièrement libérée; un payement partiel n'éteint son obligation que jusqu'à concurrence de la somme payée; si
elle a garanti toute la dette; mais que faut-il décider
si la caution n'a garanti qu'une partie de la dette?

Pierre a cautionné une dette de 1,200 fr. jusqu'à
concurrence du tiers, ou, ce qui est la même chose,
pour 400 fr.; le créancier n'ayant pu obtenir du
débiteur principal que 400 fr., réclame à la caution
une pareille somme de 400 fr.

L'engagement de la caution peut être compris de
deux manières :

1re interprétation : Si la caution qui garantit
toute la dette assure au créancier un payement intégral, celle qui cautionne seulement un tiers de la
dette ne lui assure que le payement du tiers, dans
l'espèce, de 400 fr.; donc, si le créancier reçoit
du débiteur ou d'une personne quelconque 400 fr.,
la caution est libérée; s'il reçoit moins, elle n'est
plus obligée que de compléter cette somme.

2e interprétation : Celui qui répond pour une
fraction de la dette entend n'être pas forcé de payer
au delà de cette fraction; dans l'hypothèse, au delà
de 400 fr., il veut limiter à cette somme la perte
qu'il peut éprouver; donc, que le créancier ait reçu
quelque chose ou qu'il n'ait rien reçu du débiteur
principal, il pourra poursuivre la caution tant qu'il
lui sera dû quelque chose, à la condition de ne pas
lui réclamer plus de 400 fr.

Si l'intention des parties n'est pas reconnue, le

juge préférera la première interprétation; car dans le doute les conventions s'interprètent contre celui qui a stipulé, et en faveur de celui qui a contracté l'obligation (art. 1162) (1).

Si le créancier avait plusieurs créances contre le débiteur cautionné, ce que le débiteur payera sans imputation explicite devra s'imputer sur la dette qu'il avait le plus d'intérêt à acquitter parmi celles qui sont pareillement échues (art. 1256), par conséquent sur la dette cautionnée plutôt que sur celle qui ne l'est pas.

Mais le législateur n'a pas voulu que l'imputation fût trop onéreuse pour le créancier, elle se fera d'abord sur les intérêts, et subsidiairement sur le capital (art. 1254), et dans une distribution le créancier pourra faire porter sa collocation en premier lieu sur les intérêts; de telle sorte que, si la caution n'avait garanti que le capital, elle ne serait libérée par le payement que de la partie de la somme payée qui doit s'imputer sur le capital.

Dation en payement. — L'art. 2038 du Code civil, dont il a déjà été question (2), porte que l'acceptation volontaire, par le créancier, d'un immeuble ou d'un effet quelconque en payement de la dette principale décharge la caution, encore que le créancier vienne à en être évincé. Cette disposition est fondée sur

(1) Jugé au contraire que le payement partiel fait par le débiteur principal s'impute sur la partie non cautionnée. Arrêt de cassation du 12 janvier 1857. (Verney — Eyrand). Sir., 57, I, page 352.

(2) Pages 15 et 16.

l'équité : quoique la dation en payement soit nulle, comme la caution a pu légitimement se croire libérée, le législateur n'a pas voulu qu'elle pût être poursuivie après l'éviction; la caution est favorable, et d'ailleurs le créancier, en acceptant la dation en payement, a commis une imprudence qui ne doit pas retomber sur la caution. Puisque c'est une règle d'équité, il semble qu'on devrait pouvoir l'appliquer par analogie à la caution réelle.

2° *Novation.* — La novation de la dette principale libère les cautions (art. 1281 2°). Mais la simple prorogation de terme ne décharge pas la caution; elle peut seulement agir contre le débiteur pour le forcer au payement, lorsque l'échéance primitive est arrivée (art. 2039).

Dans la cession de créance et dans la subrogation, il y a un changement de créancier sans novation ; c'est la même créance qui a passé sur la tête d'une autre personne.

3° *Remise.* — La remise totale accordée au débiteur principal décharge entièrement la caution (art. 1287). Si la remise n'est que partielle, elle en profite pour tout ce qui a été remis, si elle a garanti toute la dette, sauf dans le cas où la remise résulte d'un concordat (art. 545 du Code de commerce). Mais si la caution n'avait garanti qu'une partie de la dette, pourrait-elle invoquer la remise partielle ? La caution n'en profiterait qu'après l'épuisement de la partie non cautionnée, sur laquelle la remise devrait d'abord s'imputer, car on ne doit pas facilement présumer que le créancier ait voulu remettre le cautionnement.

4° *Serment, transaction, jugement.* — Le serment prêté par le débiteur principal profite à la caution (art. 1365, 3° alin.). Cette décision est présentée par la loi comme une exception au principe que les actes faits entre telle et telle personnes ne peuvent ni nuire, ni profiter aux tiers. Il en résulte que la transaction ou le jugement intervenu entre le débiteur principal et le créancier, ne pourra pas être opposé à la caution ni invoqué par elle. Il est vrai que le débiteur, quoique libéré par le jugement ou par la transaction, sera soumis à un recours de la part de la caution si elle est forcée de payer, mais c'est un résultat qu'il pouvait éviter en la mettant en cause (1). D'ailleurs la

---

(1) En sens contraire : Pothier, n° 908. — Merlin, v° *Caution*, § 4, 3° *in fine*, et *Questions de droit*, v° *Acquiescement*. — Duranton, XIII, n° 517. — Ponsot, n°° 357 et suiv.; page 450. — Marcadé, sur l'art. 1351, n° 13. — Aubry et Rau, VI, page 487, note 39. — Pont, sur l'art. 2036.

Jugé de même que la caution est réputée ayant cause du débiteur principal : Arrêt de cassation du 26 novembre 1811. (Borel — Duchesne.) Sir., 12, I, page 125.

En présence de l'apparente unanimité des auteurs confirmée par la jurisprudence, le doute est-il possible, et l'opinion contraire pourrait-elle être soutenue? C'est dans la comparaison des motifs donnés par les auteurs à l'appui de leur opinion, qu'on peut trouver la réponse à cette question.

Pothier enseignait que « la dépendance de l'obligation d'une » caution, de celle du débiteur principal à laquelle elle a accédé, » fait regarder la caution comme étant la même partie que le » débiteur principal, à l'égard de ce qui est jugé *pour ou contre* » le débiteur principal. »

Merlin donnait la même décision.

M. Duranton dit également que « le débiteur principal repré-

caution est protégée par l'art. 2037 du Code civil, et le débiteur principal est mis à l'abri de toute injustice par les principes de la gestion d'affaires : si un tiers s'était porté caution sans mandat de sa part,

» sente la caution quant à la dette », mais il ajoute que c'est uniquement à l'effet d'améliorer la position de la caution, et non pas de l'empirer. Il rejette ainsi la moitié de la décision de Pothier.

Vinrent MM. Ponsot et Marcadé ; le premier suivit l'opinion de Pothier et de Merlin, le second la rejeta, et suivit celle de M. Duranton.

Puis, MM. Aubry et Rau posèrent le principe que la caution peut, *de son chef*, invoquer le jugement rendu en faveur du débiteur principal.

Enfin, l'auteur qui a écrit le plus récemment sur cette matière, M. Pont, en revient au système de M. Duranton.

Et maintenant, que devient cette unanimité des auteurs? Ils se divisent en trois camps opposés : la théorie de Pothier et de Merlin est combattue par MM. Duranton, Pont et Marcadé; l'un et l'autre système sont attaqués par MM. Aubry et Rau.

Voici le système enseigné par MM. Aubry et Rau :

« La caution est, en son propre nom, recevable à se préva-
» loir du jugement qui, sur la défense du débiteur principal, a
» déclaré la dette non existante ou éteinte, en effet, le cau-
» tionnement suppose une obligation principale et s'évanouit
» avec elle, sauf dans les cas prévus par le 2e alinéa de l'ar-
» ticle 2012. »

Quel est précisément le sens de l'art. 2012, 2e alinéa? Il décide que celui qui a cautionné une obligation susceptible d'être annulée par une exception purement personnelle au débiteur principal, est valablement obligé. Qu'est-ce à dire? Que cette caution ne pourra pas demander la nullité de son engagement, en invoquant cette exception.

Or, c'est là une dérogation à la règle posée dans l'alinéa 1er, par conséquent ces deux règles sont l'inverse l'une de l'autre, et comme il est certain que tel est le sens de la deuxième, le sens de la première est nécessairement celui-ci :

Celui qui a cautionné une obligation entachée de tout autre

le tiers ne pourrait pas le poursuivre après le jugement, car en payant il n'a pas fait une chose utile
au débiteur principal.

C'est l'application pure et simple, à la matière du
cautionnement, du principe que la chose jugée n'a
qu'un effet relatif, et le législateur lui-même a trouvé
l'occasion de faire cette application dans l'art. 520
du Code de commerce, où il est dit que dans l'instance
en résolution d'un concordat, les cautions doivent être
appelées; or, si le failli concordataire qu'elles ont
cautionné les représentait, il ne serait pas nécessaire
de les mettre en cause.

Du reste, si l'on admet ce point quant aux codébiteurs solidaires, il faut logiquement l'admettre pour
la caution, car si l'on reconnaît que l'art. 1208 ne
comprend pas la chose jugée, parmi les exceptions que
le débiteur solidaire peut invoquer du chef de ses

vice, pourra demander la nullité de son engagement en invoquant ce vice.

Et, en effet, l'art. 2012 traite une question de validité de
cautionnement.

Mais si le débiteur principal, usant de cette exception qui lui
est purement personnelle, a fait annuler son obligation, ce qui
empêche la caution d'invoquer le jugement, ce n'est pas l'article 2012, 2°, c'est le principe *res inter alios judicata*.
(Art. 1351.)

Et à l'inverse, si le débiteur, se fondant sur toute autre cause
de nullité, fait déclarer que son obligation est nulle, il ne
trouve pas dans l'art. 2012, 4°, le droit d'invoquer le jugement,
car cet article ne contient pas une exception à la règle *res
inter alios judicata*.

Donc la caution n'a pas, de son chef, le droit d'invoquer le
jugement rendu au profit du débiteur principal, lorsqu'elle n'a
pas figuré dans l'instance.

codébiteurs solidaires, il faut reconnaître la même chose pour la caution, puisque la règle de l'art. 2036 ne diffère en rien de celle de l'art. 1208.

Aux raisons de principe et de texte vient se joindre l'argument historique. En droit romain, la chose jugée profitait aux codébiteurs s'ils étaient *correi;* ainsi on décidait que l'absolution du fidéjusseur profitait au débiteur principal. (L. 42, § 3, Dig., *De jurejurando,* 12, 2. «...res judicata secundum alterutrum eorum utrique proficiet. » Mais les codébiteurs tenus simplement *in solidum,* ne pouvaient pas invoquer en faveur de leur codébiteur. Or, le jugement rendu, la corréalité a disparu, et la solidarité, telle qu'elle est organisée dans le Code civil, est l'obligation *in solidum* des Romains. Et l'argument historique est ici très-puissant, car les règles du droit romain sur les contrats étaient, avant la promulgation du titre des obligations conventionnelles (27 pluviôse an 12), en vigueur dans toute la France ; en effet, tandis que pour l'organisation de la propriété foncière, pour les successions, pour le régime de mariage, on trouvait une différence profonde entre les provinces du nord et celle du midi, pour les obligations, au contraire, le droit grossier des coutumes avait été pour ainsi dire absorbé par les règles savantes et complètes que les jurisconsultes romains avaient tracées.

Reste une objection : lorsqu'un jugement a déclaré qu'il n'y a pas de dette principale, le cautionnement doit nécessairement tomber, puisqu'il ne repose sur aucune base ; ce n'est qu'autant que l'obligation principale existe, qu'un contrat de cautionnement peut se concevoir; or il n'y en a pas, puisqu'un jugement passé en force de chose jugée l'a déclaré. — Il est certain que le débiteur principal qui a obtenu ce jugement pourrait néanmoins payer valablement la dette, car le jugement laisse subsister une obligation naturelle (1) or cette obligation pourrait être cautionnée, donc il reste à l'obligation de la caution une base suffisante.

Enfin, si le créancier pouvait opposer à la caution le jugement qu'il a obtenu contre le débiteur principal, il devrait pouvoir lui réclamer les frais de ce jugement; or il ne peut lui demander, s'il ne l'a pas mise en cause, que le coût du premier acte de poursuite (art. 2016).

5° *Compensation.* — La caution peut opposer la compensation de ce que le créancier doit au débiteur principal (art. 1294). La caution solidaire le peut comme la caution simple (2).

La compensation s'opérant par la seule force de la loi, la caution a été libérée dès que les deux dettes ont coexisté; par conséquent la renonciation du débiteur principal à la compensation ne pourrait pas lui nuire. Ainsi, après avoir accepté la cession faite par son créancier à un tiers, le débiteur ne peut plus opposer la compensation (art. 1295), mais la caution a été définitivement libérée (3).

---

(1) (Aubry et Rau, III, page 5, n° 9.)
(2) Ponsot, n° 368, page 461.
(3) Ponsot, n° 36°, page 466.

Toutefois, si le créancier a payé, ayant une juste cause d'ignorer sa créance, il pourra encore l'exercer, et se prévaloir des hypothèques (art. 1220) et des cautionnements qui y étaient attachés (1).

On a vu plus haut que la caution ne peut pas opposer la compensation du chef de ses cofidéjusseurs ; mais s'ils l'invoquent elle sera libérée, puisque la compensation équivaut à un payement. De la même idée découle cette conséquence, que les règles sur l'imputation des payements s'appliquent à la compensation (art. 1297) : entre deux dettes compensables, dont l'une est cautionnée, c'est sur la dette cautionnée que portera la compensation, puisque c'est celle que le débiteur avait le plus d'intérêt à acquitter (art. 1256).

6° *Confusion.* — La confusion qui s'opère dans la personne du débiteur principal profite à ses cautions (art. 1301).

Si la confusion a lieu entre la caution et le débiteur principal, le certificateur de la caution reste obligé (art. 2035), ce qui prouve que le cautionnement subsiste encore malgré la confusion, mais le créancier n'a plus d'intérêt, dans la plupart des cas, à poursuivre la caution en tant que caution, puisqu'il l'a pour débiteur principal. Ainsi une personne ayant cautionné deux débiteurs solidaires, devient héritier de l'un d'eux ; le créancier perd en réalité une des deux obligations accessoires, il n'y en a plus

---

(1) Ponsot, n° 370, page 467. — Aubry et Rau, III, p. 167, note 11.

qu'une qui lui soit utile, l'autre s'est absorbée dans la dette principale qui pèse maintenant sur la caution (1). Cependant, si l'on suppose qu'une obligation naturelle a été cautionnée, et que la caution est devenue héritière du débiteur principal, le créancier qui ne pouvait pas poursuivre cette personne en qualité de débiteur principal, pourra la poursuivre comme caution. Il en serait de même, dans une certaine mesure, si la caution d'un failli concordataire était devenue son héritier.

Si la confusion qui s'est produite entre le créancier et le débiteur principal vient à cesser *ex antiqua causa*, par exemple par la révocation d'une acceptation de succession, ou par l'annulation d'un testament, la caution se trouve n'avoir jamais été libérée, sauf son recours contre le débiteur principal, s'il y avait eu faute ou imprudence de sa part (2).

Si la confusion cesse par un fait nouveau, par exemple par la vente de l'hérédité, la caution ne redevient point obligée (3).

Le débiteur principal étant devenu héritier du créancier pour moitié, la créance est mise par un acte de partage dans le lot de son cohéritier : la confusion qui s'était produite jusqu'à concurrence de la moitié de la créance ne sera pas détruite par la fiction de l'art. 883 du Code civil, car elle ne doit s'appliquer que dans les rapports des héritiers entre

---

(1) L. 21, § 4, Dig. *De fideiussoribus*, 46, 1.
(2) Ponsot, nº 374, page 471.
(3) Ponsot, nº 373, page 470.

eux, et elle n'a point de raison d'être dans les rapports des héritiers avec les tiers.

Dans l'hypothèse inverse, c'est-à-dire quand le créancier devient pour moitié héritier du débiteur principal, aucune difficulté ne peut s'élever, puisque la disposition de l'art. 883 ne s'applique pas aux dettes, la caution est sans aucun doute libérée pour moitié par l'effet de la confusion.

7° *Perte de la chose due.* — La perte purement fortuite libère la caution ; elle est même libérée si la perte vient de son fait, mais elle devra des dommages et intérêts. Enfin, si la perte de la chose due a été causée par le débiteur principal, ou si elle s'est produite fortuitement depuis sa mise en demeure, le débiteur devra des dommages et intérêts représentant le préjudice que l'inexécution de l'obligation a causé au créancier. Or, le créancier, en recevant une caution, a entendu s'assurer un recours ; et la caution, en s'obligeant, a entendu procurer une sûreté au créancier pour le cas où l'obligation ne serait pas exécutée. Donc, la caution peut être poursuivie pour les dommages et intérêts que le débiteur principal doit au créancier, et elle est obligée à cette nouvelle dette dans la mesure où elle était tenue de l'obligation primitive (1).

8° *Prescription.* — La caution peut opposer au créancier la prescription de la dette principale, même dans le cas où le débiteur principal aurait formelle-

(1) Ponsot, n° 375, page 472.

ment renoncé à l'invoquer. Il est bien vrai que la reconnaissance faite par le débiteur principal, interrompt la prescription, tant qu'elle n'est pas acquise (art. 2250); mais lorsqu'elle est accomplie, il ne dépend plus de lui d'empêcher la caution de l'invoquer (art. 2225).

En conséquence, si la prescription opposée par la caution est une courte prescription, c'est à la caution que le serment de crédibilité sera déféré (art. 2275); autrement, rien ne serait plus facile au débiteur que de renoncer, au préjudice de la caution, à la prescription acquise, il lui suffirait de refuser de prêter le serment.

Quoique la caution ait reçu une interpellation, ou qu'elle ait reconnu la dette, la prescription continue de courir au profit du débiteur principal, et la caution en profitera, si elle vient à s'accomplir.

Enfin, l'interpellation adressée à une des cautions ou sa reconnaissance n'interrompt pas la prescription contre les autres.

TROISIÈME MOYEN. — *Exceptions de discussion et de division.*

On a supposé jusqu'ici que la caution poursuivie par le créancier lui oppose la nullité ou l'extinction du cautionnement; mais, indépendamment de ces moyens de défense, la caution a le droit d'exiger, soit que le créancier discute préalablement le débiteur principal, c'est le but de l'exception de discus-

sion, soit qu'il divise son action entre elle et les autres cautions solvables, c'est le but de l'exception de
division. Elle peut, s'il y a lieu, invoquer successivement ces deux exceptions, en commençant par
l'exception de discussion.

1° Exception de discussion.

En général, la caution poursuivie par le créancier peut exiger qu'il fasse saisir et vendre au préalable tous les biens du débiteur principal; mais
premièrement, la caution judiciaire ne peut pas demander la discussion (art. 2042), et secondement, la
caution légale ou conventionnelle peut avoir renoncé
à ce droit, soit expressément, soit implicitement en
s'obligeant solidairement avec le débiteur principal
(art. 2021).

Le créancier n'est obligé de discuter le débiteur
principal que si la caution le requiert (art. 2022).

La discussion doit être demandée sur les premières
poursuites, c'est-à-dire avant que la caution ait
conclu au fond; mais l'exception de discussion ne
viendra qu'après l'exception tendant à demander la
caution *judicatum solvi*, après les exceptions d'in-
compétence, de nullité (1), et les exceptions dila-
toires.

La déchéance résultant de ce que la discussion n'a
pas été demandée sur les premières poursuites est

(1) Ponsot, page 210.

fondée sur l'abandon présumé du droit de discussion ;
par conséquent, s'il résultait des faits que la caution,
tout en concluant au fond, n'a pas voulu renoncer à
la discussion, elle serait encore recevable à l'opposer (1), mais il faudrait que la caution eût eu un intérêt sérieux à ne pas demander d'abord la discussion ; par exemple, elle a soutenu qu'elle n'était pas
valablement obligée, ou que la dette était éteinte ;
en effet, il n'y a lieu à la discussion que si le cautionnement est valable et si la dette n'est pas éteinte,
or la caution peut avoir intérêt à plaider sur la validité du cautionnement, ou sur son extinction, plutôt
que d'opposer l'exception de discussion qui pourrait
élever un préjugé contre elle, en paraissant être une
reconnaissance du droit du créancier.

Par une conséquence de la même idée, on est con-
duit à dire que si la caution est poursuivie en vertu
d'un acte exécutoire, il faudra voir en fait si elle a
renoncé à la discussion (2).

De même, s'il survient au débiteur principal des
biens susceptibles de discussion, la caution pourra
opposer la discussion en tout état de cause, puisqu'elle n'a pas pu, avant de conclure au fond, opposer
une discussion qui n'avait pas d'objet (3) ; et si une
première discussion avait eu lieu, il pourrait y avoir

(1) Aubry et Rau, III, page 498, note 5. — Ponsot, n° 189,
page 210.
(2) Ponsot, n° 192, page 213.
(3) Pothier, n° 414. — Aubry et Rau, III, page 497, note 7.
Contra, Ponsot, n° 191, page 212.

une discussion nouvelle : en supposant toujours que les faits n'indiquent pas une renonciation à ce droit.

La caution doit indiquer les biens meubles ou immeubles à discuter. L'indication doit comprendre tous les biens discutables, et il n'y aurait lieu à un supplément de discussion que si de nouveaux biens survenaient au débiteur principal. La caution ne peut pas désigner des immeubles du débiteur qui seraient situés hors de l'arrondissement de la Cour impériale du lieu où le payement doit être fait, ni des *biens litigieux* (art. 2023) : la même expression se trouve dans l'art. 2019, qui pose des règles pour apprécier la solvabilité de la caution, et dans l'art. 1700, en matière de cession de créances. Dans le cas de l'art. 1700, pour que le droit soit réputé litigieux, il faut qu'il y ait un procès engagé au fond ; dans l'art. 2019, il paraît suffire que le droit soit sujet à contestation ; ici, il convient de n'admettre pas facilement le refus de discussion, il y aurait lieu à une appréciation du juge (1).

La caution ne peut pas non plus désigner des biens hypothéqués par le débiteur qui ne sont plus en sa possession ; en effet, la discussion pourrait se trouver compliquée ; par exemple, si l'immeuble hypothéqué a été vendu à plusieurs, il faudrait saisir chaque portion de l'immeuble, et chacun des acquéreurs pourrait se trouver dans le cas de requérir, conformément à l'art. 2170 du Code civil, la discussion d'autres

(1) Aubry et Rau, III, page 499, note 8.

immeubles hypothéqués à la même dette, qui se trouveraient dans la possession du principal ou des principaux obligés.

Une autre condition imposée à la caution par l'art. 2023, c'est de faire l'avance des frais de la discussion.

Enfin, quand la caution a rempli les conditions prescrites pour l'exercice du droit de discussion, le créancier devient en quelque sorte son mandataire, et il est responsable envers elle de l'insolvabilité du débiteur principal survenue par le défaut de poursuites (art. 2024).

2° Exception de division.

Au lieu d'opposer l'exception de discussion, ou même après l'avoir invoquée, si la discussion du débiteur principal n'a pas produit de quoi désintéresser complétement le créancier, la caution peut exiger que le créancier divise son action entre elle et les autres cautions solvables (art. 2026).

La caution judiciaire jouit de ce droit comme la caution légale ou conventionnelle. Mais une caution peut y renoncer expressément ou tacitement, et elle y renonce tacitement lorsqu'elle s'oblige solidairement, soit avec le débiteur principal, soit avec les autres cautions.

Il résulte de l'art. 2025 du Code civil, que les cautions, bien qu'elles ne soient pas des codébiteurs solidaires, sont tenues chacune de toute la dette; or la division, lorsqu'elle est demandée, ne met pas les choses dans l'état où elles seraient si la dette s'était divisée entre elles à l'origine, si elles avaient été de simples débiteurs conjoints, car la division n'a lieu qu'entre les cautions qui sont solvables au moment où elle est demandée.

Les cautions entre lesquelles la division peut se faire, sont celles qui ont cautionné le même débiteur pour la même dette; par conséquent la caution d'un débiteur solidaire ne pourrait pas la demander contre la caution d'un autre débiteur solidaire (1), puisque ces deux personnes n'ont cautionné ni le même débiteur, ni la même dette.

La caution qui demande la division n'est pas tenue de prouver que les autres cautions sont solvables, mais elle répondra de leur insolvabilité.

A la différence de ce qui est exigé pour le bénéfice de discussion, elle n'est pas tenue de faire l'avance des frais de poursuite, ni de désigner les biens, et peu importe la difficulté de la poursuite ; par exemple, si de deux cautions, l'une réelle et l'autre personnelle, la caution personnelle est poursuivie, elle peut opposer l'exception de division (2), quand même l'immeuble hypothéqué serait en mains tierces. Peu importe aussi que les autres cautions aient un terme, ou qu'elles soient obligées sous

(1) Ponsot, n° 213, page 233.
(2) La caution réelle n'aurait pas ce droit. Art. 1221, 1er alinéa.

condition, sauf le recours du créancier dans ce dernier cas si la condition vient à défaillir.

L'exception de division peut être invoquée en tout
état de cause (1), c'est-à-dire tant que la caution
n'est pas condamnée par un jugement en dernier
ressort ou passé en force de chose jugée. Si les poursuites sont extrajudiciaires, on peut la proposer jusqu'au payement (2).

C'est à partir du moment où la caution invoque
le bénéfice de division, qu'elle cesse d'être responsable des insolvabilités qui se produisent, et peu importe que l'insolvabilité survienne avant le jugement
qui prononce la division, car les jugements ont un
effet rétroactif (3). En ce point, l'art. 2026 n'est pas
exactement rédigé.

La division peut résulter de l'exception, elle peut
aussi résulter de la poursuite volontairement divisée
par le créancier (art. 2027). La division, dans ce
cas, est plus avantageuse à la caution, car elle ne
répond pas même des insolvabilités antérieures à la
poursuite. Lorsque le créancier divise ainsi sa poursuite, il est juste qu'il ne puisse plus revenir sur cette
division quand la caution jouit du bénéfice de division, car si elle avait été poursuvie pour le tout, elle
aurait sans doute usé du droit qu'elle avait d'exiger
la division; mais si c'est une caution qui ne peut

(1) Art. 2022, argument *a contrario*. — Pothier, n° 425. —
Aubry et Rau, III, page 501, note 19.
(2) Ponsot, n° 222, page 241.
(3) Pothier, n° 126.

pas se prévaloir de l'exception de division, il paraît raisonnable d'admettre que le créancier pourra revenir sur la division qu'il a faite, tant qu'il n'y a pas eu acquiescement ou condamnation (1).

TROISIÈME POINT. — *Rapports nouveaux que le payement peut produire entre le créancier et la caution.*

Ces rapports peuvent résulter :

1° D'un payement excessif fait par la caution; elle aura une action contre le créancier pour lui redemander ce qu'elle a payé de trop (art. 1376);

2° De l'éviction de la chose payée; le créancier pourra recourir en garantie contre la caution;

3° D'un payement partiel :

Il peut arriver que la caution offre spontanément de payer, mais le plus souvent elle attendra les poursuites, et elle ne payera qu'après avoir invoqué les moyens de défense qu'elle peut avoir. Or, il est remarquable que dans le premier cas, lorsque la caution offre d'elle-même le payement, lorsqu'elle est disposée à payer, elle ne peut pas forcer le créancier à recevoir un payement partiel; tandis que dans le second cas, c'est-à-dire lorsqu'elle s'est laissé poursuivre, lorsque peut-être elle a résisté très-longtemps au créancier, en lui opposant successivement toutes les exceptions dont elle dispose, elle a la faculté, en invoquant l'exception de division, de ne payer qu'une

(1) Ponsot, page 150.

partie de la dette. Ces deux solutions n'ont rien de contradictoire, et il faut se garder de dire que si dans le second cas la caution peut faire un payement partiel, elle doit pouvoir, à plus forte raison, ne payer qu'une partie dans la première hypothèse. En effet, il est facile de prouver que dans le premier cas, c'est seulement le créancier qui a besoin de protection : tandis que, dans le second, c'est la caution dont la position réclame la faveur de la loi.

La caution ayant payé une partie de la dette, soit avec le consentement du créancier lorsqu'il est nécessaire, soit en vertu de son droit propre dans le cas contraire, peut, à ce qu'il semble, se trouver en conflit avec le créancier ; en effet, si elle est subrogée dans tous les droits du créancier pour se faire rembourser ce qu'elle a payé, et si, d'autre part, le créancier qui n'a pas été complétement désintéressé conserve tous ses droits dans la mesure de ce qui lui est encore dû, il en résulte que le créancier et la caution vont se trouver en conflit ; armés chacun des mêmes droits dans la mesure de leur intérêt, ils s'attaqueront aux mêmes débiteurs, ils se disputeront les mêmes biens.

La loi, dans l'art. 1252, a écarté l'idée d'un conflit, en décidant que la subrogation ne doit pas nuire au créancier.

Du reste, l'art. 1252 ne recevra pas d'application, si dans ce concours la caution se présente, non pas comme subrogée, mais comme mandataire ou gérant d'affaires. C'est ce qui résulte clairement d'un texte

très-remarquable du Code de commerce, l'art. 544.
Lorsqu'un créancier a reçu de la caution une partie
de la dette, il ne peut plus produire à la faillite que
pour le reste, de son côté la caution pourra produire
pour ce qu'elle a payé. La dette étant de 1200 fr.,
si la caution a payé au créancier 400 fr., elle pourra
produire pour ces 400 fr., et le créancier pour 800.
Sans doute le dividende du créancier sera diminué
par le concours de la caution, mais comme la caution est encore sa débitrice pour le reste de la dette,
il pourra saisir-arrêter le dividende attribué à la caution. Il est bien vrai qu'il subira le concours des
créanciers de la caution, et qu'il éprouvera ainsi un
préjudice; mais il n'en résulte pas que la caution ne
doive pas produire à la faillite, puisque ce n'est pas
comme subrogée qu'elle se présente, mais comme
mandataire ou gérant d'affaires.

Il résulte de là, que toutes les fois que la caution
qui reste débitrice, envers le créancier, d'une partie
de la dette, se présentera pour être remboursée de
ce qu'elle a déjà payé, sur les biens du débiteur
principal, elle pourra concourir avec le créancier si
elle n'invoque pas la subrogation, sauf à celui-ci le
droit de saisir-arrêter, le cas échéant, ce qui revient
à la caution, et sauf tous ses droits contre elle (1).

(1) Arrêt de rejet du 1er août 1860 (Millet-Deschaland).
Sir., 60, I, page 366. Dans l'espèce, la caution n'avait répondu
que pour une partie de la dette, et elle avait payé toute cette
partie, le créancier ne pouvait donc rien saisir-arrêter.

DEUXIÈME PARTIE

Les personnes qui figurent dans le contrat de cautionnement sont : la caution qui s'oblige envers le
créancier, et le créancier qui acquiert une créance
contre la caution. C'est seulement entre ces deux personnes que le cautionnement produit un lien de droit;
elles seules sont parties dans l'opération ; toute autre
personne est un tiers. En effet, si tous ceux qui ont
figuré dans une instance, ou qui ont emprunté une
chose en commun, etc., sont parties dans un seul et
même acte juridique (1), il n'en est pas de même
des personnes qui, dans le même moment, se portent
caution ; elles ne sont point pour cela parties dans
une même opération, mais chacune fait avec le créancier un contrat de cautionnement distinct ; entre elles
il n'y a pas de lien. Il en résulte que les poursuites
faites contre l'une n'interrompraient pas la prescription à l'égard des autres ; que la demande formée
contre l'une ne ferait pas courir les intérêts à l'égard
des autres. Toutefois, si elles s'étaient obligées solidairement, elles ne seraient plus tiers, mais parties

(1) Art. 474. Pr. — Art. 1887 C. civ.

l'une par rapport à l'autre ; et il en faudrait tirer, quant à l'interruption de la prescription, et quant au cours des intérêts, les conséquences opposées (art. 1206 et 1207).

Mais, quoique toute personne autre que le créancier ou ses ayants-cause (1), soit un tiers pour la caution, elle peut cependant se trouver en présence de ces tiers ou subir indirectement leur influence : ainsi, lorsqu'un tiers a payé ou nové la dette, la caution est tenue envers lui s'il est subrogé; lorsqu'un tiers a détruit la chose qui était due, la caution est libérée.

Ici se place la remarque suivante :

La dette peut être payée ou novée, la chose peut être détruite par le premier venu; mais il y a des tiers qui ne sont pas le premier venu, qui ont, avant d'être en rapport avec la caution, une situation déterminée et un nom particulier, ce sont :

1° Le débiteur principal ;

2° Les autres cautions ;

3° Les codébiteurs solidaires du débiteur principal, et leurs cautions ;

4° Ceux qui ont donné leur chose en nantissement, ou qui l'ont hypothéquée pour la sûreté de la dette ;

5° Les tiers détenteurs d'immeubles hypothéqués à la dette.

Laissant de côté les rapports de la caution avec le

(1) Ces ayants-cause sont, par exemple : ses héritiers (article 1122), ses créanciers (art. 1166 et 1167), les cessionnaires de sa créance (art. 1692).

débiteur principal, dont il sera question *in decursu*, on examinera ses rapports directs ou indirects avec les quatre autres classes de tiers.

§ 1er. — **Rapports de la caution avec ses co-fidéjusseurs.**

1er *point*. — La caution peut se décharger d'une partie de l'avance, et la faire retomber sur les autres, en invoquant le bénéfice de division. Ce point est sans difficulté.

2e *point*. — Plusieurs causes d'extinction de la dette, lorsqu'elles se produisent du chef d'une des cautions, profitent aux autres cautions. Ce sont : le payement total ou partiel ; la novation ; la remise à titre gratuit, nonobstant la disposition finale de l'art. 1287 du Code civil ; la remise accordée moyennant un prix, jusqu'à concurrence de ce prix (art. 1288) ; la perte résultant du fait de la caution ; enfin, la confusion qui se produit entre le créancier et l'une des cautions : elle profite aux autres en ce qu'elles n'ont plus à craindre désormais que l'insolvabilité de leur cofidéjusseur les empêche de rejeter sur lui, au moyen du bénéfice de division, sa part dans la dette ; en effet, la personne qui réunit en elle les deux qualités de créancier et de caution, pourra toujours être forcée de déduire de ce qu'elle réclame comme créancier, la part qu'elle doit supporter comme caution.

Au contraire, une cause de compensation qui existerait au profit de l'une des cautions, ne peut pas être invoquée par les autres (1); le serment prêté par l'une sur l'existence ou sur le montant de la dette principale, la transaction ou le jugement intervenus sur les mêmes points, ne profitent pas aux autres cautions. Quant à la prescription de l'obligation d'une des cautions, la question de savoir si elle libère les autres cautions ne peut pas se poser, puisque cette prescription ne s'accomplit jamais avant celle de l'obligation principale (art. 2250 et 2257).

5e *point.* — La caution qui a payé la dette est subrogée aux droits du créancier contre les autres cautions (art. 1251, 3e al.), quelle que soit l'époque où ces cautions se sont obligées. Mais son recours doit se limiter à la part de chacune d'elles, et la subrogation expresse ne lui conférerait pas un droit plus étendu (2). En outre, la caution a l'action contraire de gestion d'affaires (art. 2033, 1er al.). La première sera parfois plus avantageuse, à cause des sûretés qui peuvent s'y rattacher, par exemple lorsqu'un des cofidéjusseurs a fourni un certificateur ou une hypothèque; mais l'autre peut être préférable, en ce qu'elle permet de réclamer les intérêts des avances, à compter du jour où elles ont été faites (3).

Mais si la caution a payé prématurément, par exemple, avant l'échéance, avant les poursuites, avant la déconfiture du débiteur principal, etc., en un mot, en dehors de l'un des cinq cas prévus par

(1) Art. 1291 *in fine,* argument *a fortiori.*
(2) Art. 875, argument d'analogie.
(3) Art. 2001, argument d'analogie.

l'art. 2032 du Code civil, pourra-t-elle encore demander les intérêts à compter du payement? Il est
évident qu'elle ne le pourra pas, car il serait injuste
qu'elle pût faire supporter aux autres les conséquences de son imprudence, ou une libéralité qu'elle
entend faire au créancier. C'est en effet ce que décide
l'art. 2033, *in fine.*

... « Ce recours n'a lieu que lorsque la caution a
» payé dans l'un des cas énoncés dans l'article pré-
» cédent.. » Mais il n'en faudrait pas conclure qu'elle
est également privée de la subrogation (1), car la
subrogation a lieu de plein droit au profit de celui
qui, étant tenu avec d'autres ou pour d'autres, a payé
la dette (art. 1251, 3ᵉ alin.); or, la caution était tenue
pour un autre et elle a payé, donc elle est subrogée.

Y aurait-il une exception à ce principe dans l'article 2033; en refusant le recours à la caution, le législateur aurait-il entendu lui refuser même le recours
au moyen de la subrogation? — Ce texte contient
certainement, dans sa dernière partie, l'abrogation de
cette règle subtile du droit romain qui refusait à la
caution l'action de gestion d'affaires, sous le prétexte
qu'elle a fait sa propre affaire : *negotium suum gessit
potiusquam confidejussorum;* renferme-t-il de plus un
rappel inutile du principe de l'art. 1251, 3ᵉ alin.?
— On ne peut pas fonder une exception sur un texte
douteux, surtout si cette exception renferme une injustice; or, priver de la subrogation la caution qui a

(1) *Contra,* Aubry et Rau, III, page 505, § 428.

payé trop tôt, serait une injustice considérable ; car si
la caution qui a payé à l'échéance, est subrogée contre
ses cofidéjusseurs, celle qui a payé avant l'échéance,
qui les a déchargés plutôt d'une obligation qui alté-
rait leur crédit, doit l'être à plus forte raison. De plus,
si cette caution n'avait pas payé, les autres seraient
encore tenues envers le créancier ; or, leur position ne
sera pas aggravée si la caution subrogée aux droits
du créancier peut les poursuivre à l'échéance, comme
le créancier l'aurait pu. Il y a plus, elles trouveront
un certain avantage à ce changement de créancier,
car le créancier primitif n'était pas forcé de diviser
d'abord les poursuites ; en conséquence, les frais faits
jusqu'à ce que la division eût été demandée seraient
retombés sur la caution qu'il aurait poursuivie ; au
contraire, la caution subrogée aux droits du créancier
devra diviser sa poursuite.

Sans doute, la caution, en payant par anticipation,
a pu empêcher le débiteur de payer lui-même lorsque l'échéance arrive, en supposant qu'il eût été dis-
posé à le faire ; or, le payement fait par le débiteur
principal affranchit les cautions de toute espèce de
poursuites. Mais tout ce qu'on peut en conclure, c'est
que le juge, s'il lui est démontré que la caution a
commis une imprudence en se hâtant de payer,
pourra appliquer la règle du droit commun : « tout
» fait quelconque de l'homme qui cause à autrui un
» dommage, oblige celui par la faute duquel il est
» arrivé, à le réparer » (art. 1282), et par conséquent
rejeter la demande qui causerait le dommage.

Enfin, si l'art. 2031 refusait absolument tout recours à la caution qui a payé prématurément, il faudrait dire qu'elle ne pourra pas recourir, même si le créancier l'a subrogée, expressément; or, est-il concevable qu'un tiers qui a payé une dette à laquelle il est étranger, puisse recourir contre les cautions, tandis que la caution qui a intérêt à payer pour se libérer, n'aurait aucun recours contre les autres?

— Du reste, si la caution, par suite des circonstances dans lesquelles elle a payé, est privée du droit de recourir contre le débiteur principal, il est évident qu'elle n'aura pas d'action contre ses cofidéjusseurs.

Cela se présente :

1° Lorsque la caution ayant négligé d'avertir le débiteur principal du payement qu'elle a fait, celui-ci a payé une seconde fois (art. 2031, 1ᵉʳ alin.);

2° Lorsqu'elle a payé sans être poursuivie et sans avertir le débiteur principal, et que celui-ci avait, au moment du payement, des moyens pour faire tomber l'action du créancier (art. 2031, 2ᵉ alin.);

Enfin, si l'on suppose une partie de la dette payée par une caution et le reliquat payé par l'autre, celle-ci n'a pas de privilége pour le remboursement de son avance, elle ne peut pas invoquer l'art. 1252 du Code civil; en effet, cet article renferme une faveur personnelle au créancier, qui n'est pas transmissible aux subrogés, et l'égalité stricte qui préside aux rapports des cautions veut que la perte se répartisse entre elles.

4° point. — Les cautions n'ayant pas contracté ensemble, n'ont pour recourir les unes contre les autres que l'action contraire de gestion d'affaires, et les actions du créancier ; or, l'affaire n'est gérée, et la subrogation qui confère les actions du créancier n'a lieu, qu'en vertu du payement. Cependant, on peut admettre que la caution qui est poursuivie a une action contre les autres, pour les forcer à contribuer au payement de la somme demandée. Cette décision déjà donnée par Pothier (1), se fonde sur l'égalité qui fait la base des rapports entre les cautions.

§ 2. Rapports de la caution avec les codébiteurs solidaires du débiteur principal, et avec leurs cautions.

1" classe de rapports : *Rapports directs.*

A · Rapports de la caution avec les codébiteurs solidaires du débiteur cautionné.

La loi a prévu et réglé les trois situations suivantes :

1° La caution qui a payé peut recourir contre les autres, mais seulement pour leur part, encore qu'elle soit subrogée aux droits du créancier qui pouvait leur demander le tout (art. 2033).

2° Le débiteur solidaire qui a payé ne peut de même recourir contre les autres que pour leur part (art. 1213).

(1) Pothier, n° 445. — Ponsot, pages 362 et s.

4

3° La caution qui a répondu pour plusieurs débi-teurs solidaires, a contre chacun d'eux un recours pour la répétition de tout ce qu'elle a payé (art. 2030).

Au contraire elle n'a point décidé :

1° Si la caution qui a payé peut recourir contre les codébiteurs solidaires de la personne qu'elle a cautionnée;

2° Si ces débiteurs peuvent, lorsqu'ils ont payé, recourir contre la caution.

1er point. — Deux personnes doivent solidaire-ment 1,200 fr. ; l'une d'elles, Primus, a fourni une caution. Cette caution, ayant payé la dette, peut-elle recourir contre Secundus qu'elle n'a pas cautionné?

Si la caution avait répondu pour Primus et pour Secundus, elle pourrait réclamer à chacun d'eux tout ce qu'elle a payé, conformément à l'art. 2030 du Code civil; mais c'est seulement Primus qu'elle a cautionné, peut-elle recourir contre Secundus? Elle le peut, car elle est subrogée aux droits du créancier (art. 1252, 3e al.) (1).

Mais le créancier pouvait poursuivre Secundus pour le tout; la caution de Primus subrogée aux droits du créancier le pourra-t-elle également? Non; en voici la raison :

Les codébiteurs solidaires sont cautions les uns des autres pour tout ce qui excède leur part dans la dette (2). Ainsi, dans l'espèce, Primus est caution de

(1) Arrêt de rejet du 10 juin 1861. (Auvigne contre Vagnon), Sir., 61, 1, p. 579.
(2) On cherchera un peu plus loin à le prouver. — Mour-lon, pages 107 et s.

Secundus pour 600 fr., et Secundus caution de
Primus pour 600 fr. Chacun des codébiteurs solidaires a donc en lui une double qualité, il est
débiteur principal pour ce qu'il doit supporter définitivement dans la dette, et il est caution pour le
surplus. D'où il résulte que si Primus avait payé
la dette, il y en a une partie qu'il supporterait définitivement, sans recours contre personne (art. 1213),
et il y en a une autre partie qu'il pourrait redemander à Primus (même art. 1213), en qualité de caution. Mais si Secundus est caution de Primus, il est
un cofidéjusseur pour la caution de Primus ; or, entre
cautions, le recours n'a lieu que pour la part de chacune (art. 2033).

En conséquence, jusqu'à concurrence de 600 fr.,
le créancier a deux cautions, à savoir : Secundus et
la caution de Primus ; la caution de Primus pourra
donc réclamer à Secundus la moitié de cette somme,
soit 300 fr.

Mais comme Secundus est en même temps l'un
des débiteurs principaux, elle pourra lui demander, soit par l'action du créancier, soit par l'action
de gestion d'affaires, tout ce dont elle l'a libéré,
soit 600 fr.

Car, d'une part, pour cette dernière somme, elle
n'en doit supporter définitivement aucune partie ; et,
d'autre part, l'effet de la subrogation n'est limité par
aucune disposition de loi ; il n'est pas limité par
l'art. 2033, puisque la caution de Primus n'est pas
pour cette somme cofidéjusseur de Secundus ; il ne

l'est pas non plus par l'art, 1213, puisqu'elle n'est
pas codébiteur solidaire de Secundus.

On a supposé jusqu'à présent que les deux débiteurs solidaires ont un intérêt égal, c'est-à-dire qu'ils
doivent supporter en définitive chacun 600 fr, dans
la dette de 1,200 fr.; mais il peut se faire que Primus
doive, d'après la convention, supporter définitivement une part plus forte, par exemple 800 fr.,
1,000 fr., 1,100 fr., alors la part de Primus augmen-
tant, celle de Secundus diminue d'autant, elle se réduit à 400 fr., à 200 fr., à 100 fr., et tandis que son
rôle de créancier s'atténue et s'efface, son rôle de
caution s'étend et prédomine. Si Primus doit supporter en définitive 1,199 fr., et Secundus 1 fr. seulement, Secundus sera caution pour 1,199 fr. et
débiteur principal pour 1 fr. seulement. Enfin, si
Secundus ne doit supporter définitivement aucune
partie de la dette, il sera caution pour le tout, et ici
le raisonnement vient se reposer sur une base
inébranlable, puisque cette solution est écrite dans
l'art, 1216 du Code civil.

Il importe de bien considérer les termes de cet
article, afin de limiter la décision qu'il contient dans
son cercle d'application légitime : « Si l'affaire pour
» laquelle la dette a été contractée solidairement ne
» concernait que l'un des codébiteurs solidaires,
» celui-ci serait tenu de toute la dette vis-à-vis des
» autres codébiteurs, qui ne seraient considérés *par*
» *rapport à lui* que comme ses cautions. » Ainsi le
codébiteur solidaire que l'affaire ne concerne pas

personnellement est réputé caution, mais seulement quant à son codébiteur solidaire ; quant au recours à exercer contre lui, par rapport au créancier, c'est un débiteur principal.

De là découlent plusieurs conséquences :

1° Que le débiteur solidaire ne peut pas opposer au créancier les bénéfices de discussion et de division (art. 1203) ;

2° Que l'interpellation qui lui est adressée interrompt la prescription contre les autres débiteurs solidaires (art. 2249), tandis que l'interpellation faite à la caution n'interrompt pas la prescription contre le débiteur principal ;

3° Que le débiteur solidaire ne peut pas opposer la compensation du chef de son codébiteur solidaire (art. 1294, 3° al.), tandis que la caution peut l'invoquer du chef du débiteur principal (art. 1294, 1er al.) ;

4° Que si, par le fait du créancier, la subrogation ne peut plus s'opérer, le codébiteur solidaire n'est pas déchargé (1). Au contraire, s'il s'agissait d'une caution, même solidaire (2), elle serait libérée (art. 2037). Et en effet, la différence entre la position de la caution solidaire et celle du débiteur solidaire est considérable, car dans un cas le créancier a traité avec une personne qui s'est présentée à lui comme l'un des débiteurs principaux ; il a dû penser qu'elle

(1) Arrêt de rejet du 3 avril 1861 (Machard contre Chauvot), Sir., 61, 1, p. 589.
(2) C'est l'opinion qui a été développée à la p. 12.

était intéressée à la dette au même titre que les autres, et il n'a pas pu songer à ce cas extraordinaire où une personne, sans être intéressée à la dette, se porte débiteur solidaire. Au contraire, lorsqu'une personne s'est portée caution, le créancier est averti qu'il traite avec une personne dont la position est éminemment favorable, et qui sera libérée si la subrogation ne peut plus avoir lieu à son profit par le fait de lui créancier.

Il est vrai qu'on peut dire : si le créancier a cru l'intérêt égal, il a dû savoir que chacun des codébiteurs solidaires est caution des autres pour ce qui excède sa part contributoire, et, par conséquent, il ne sera pas surpris si, dans la limite de cet excédant, le codébiteur solidaire se trouve déchargé lorsque la subrogation a été rendue impossible par le fait de lui créancier.

Mais la loi n'a pas reproduit pour les obligations solidaires la règle de l'art. 2037, et elle ne devait pas la reproduire ; en effet, d'une part, c'est une règle rigoureuse pour le créancier, et, d'autre part, le cautionnement résultant de la solidarité n'est pas aussi favorable, puisqu'il est réciproque, puisque chacun des codébiteurs solidaires rend à l'autre le service qu'il reçoit de lui : le cautionnement est un bon office, l'obligation solidaire est une affaire intéressée pour toutes les parties, et si par exception elle ne l'est pas, ou si elle ne l'est qu'inégalement, la déchéance de l'art. 2037 n'est pas admissible, puisque le créancier ignore les conventions des codébiteurs entre eux; il serait trompé par le titre que les parties se sont donné. Mais si les débiteurs solidaires avaient fait connaître au créancier les rapports qui existent entre eux, par exemple, que l'un n'a aucun intérêt à la dette ou n'a qu'un intérêt moindre, le juge pourrait décider en fait que ce débiteur a entendu faire, et le créancier recevoir, un cautionnement solidaire. Ainsi, Primus et Secundus empruntent à Pierre solidairement 1,200 fr., et l'on déclare dans l'acte que Secundus ne touchera que 200 fr.; le juge pourra décider qu'il y a là trois actes distincts :

1° Un emprunt de 1,000 fr., fait par Primus ;

2° Un emprunt de 200 fr., fait solidairement par Primus et par Secundus ;

3° Un cautionnement solidaire donné par Secundus pour 1,000 fr.

Ce qui montre, encore un coup, qu'il ne peut y avoir de cautionnement, *quant au créancier*, que quand il a accepté l'obligation d'un tel en qualité de caution.

En résumé, dire absolument que chaque débiteur solidaire est caution des autres pour ce qui excède sa part contributoire, c'est formuler une proposition excessive et insoutenable ; mais dire que dans cette mesure chaque débiteur solidaire est, *par rapport à ses codébiteurs solidaires*, une véritable caution, c'est formuler, ce semble, une proposition exacte et bien fondée.

2° *point*. — Les codébiteurs solidaires ont-ils un

recours contre la caution de leur codébiteur solidaire?

Il résulte de ce qui vient d'être exposé, qu'ils sont
pour cette caution des cofidéjusseurs ; par conséquent
ils seront subrogés contre elle, mais dans la limite
de sa part (1). Ainsi, Primus et Secundus doivent
solidairement 1,200 fr., Primus seul a fourni une
caution : si Secundus paye, il pourra réclamer à la
caution de Primus 300 fr., et il supportera 300 fr.,
sauf son recours contre Primus. En un mot, l'insolvabilité du débiteur solidaire Primus retombera
pour moitié sur chacune de ses deux cautions.

B. *Rapports de la caution d'un débiteur solidaire
avec les cautions des autres débiteurs solidaires.*

Primus et Secundus doivent solidairement 1,200 fr.,
tous deux ont fourni une caution. La caution de Primus ayant payé, sera subrogée aux droits du créancier, c'est-à-dire qu'elle pourra recourir :

1° Contre le débiteur Primus ;

2° Contre le débiteur Secundus ;

3° Contre la caution de Secundus.

A Primus elle peut réclamer 1,200 fr., à Secundus
900 fr., comme on l'a vu plus haut. Que pourra-t-
elle demander à la caution de Secundus ?

Ces deux cautions n'ayant pas garanti le même
débiteur, l'art. 2033 qui divise les recours entre

(1) Mourlon, p. 108.

ceux qui ont cautionné le même débiteur ne peut pas s'appliquer ici. Cependant il faut admettre la répartition de la dette entre les deux cautions, car on ne concevrait pas que la caution de Primus, qui ne peut demander à Secundus qu'une partie (900 fr., dans l'espèce), pût réclamer à sa caution la totalité, et d'ailleurs il est naturel de traiter avec une égalité complète deux cautions qui sont dans une position identique.

2° classe de rapports : *Rapports indirects de la caution avec les codébiteurs solidaires du débiteur principal, et avec leurs cautions.*

1er *point.* — La caution d'un débiteur solidaire ne peut pas demander la discussion des autres débiteurs solidaires; en effet, cautionner l'un n'est pas accéder à l'obligation des autres (1): la preuve se trouve dans l'art. 2030 du Code civil, qui n'accorde un recours intégral à la caution, que contre le débiteur solidaire qu'elle a cautionné; d'ailleurs, les débiteurs solidaires non cautionnés, s'ils sont forcés de payer, seront subrogés contre la caution, donc elle ne peut pas demander leur discussion (2).

2° *point.* — 1° Le bénéfice de division n'est établi qu'au profit des cautions du même débiteur (art. 2025 et 2026); par conséquent la caution d'un débiteur solidaire n'en jouit point par rapport à la caution d'un autre débiteur solidaire.

(1) *Contra* Pothier, n° 412.
(2) M. Demangeat, *Des obligations solidaires en droit romain,* pages 137 et 138.

2° Mais on peut se demander si la caution d'un débiteur solidaire ne peut pas demander la division
entre elle et les autres débiteurs solidaires, eu égard
à la mesure dans laquelle ils sont ses cofidéjusseurs.

Ainsi Primus et Secundus doivent solidairement
1,200 fr., la caution de Primus, étant poursuivie,
peut-elle se fonder sur ce que Secundus est caution de
Primus pour ce qui excède sa part contributoire, à
savoir pour 600 fr., et demander la division des
poursuites quant à cette somme de 600 fr. ? Sans
doute, c'est le même débiteur Primus qui est cautionné par deux personnes, et pour la même dette ;
d'où il suit qu'en ce point les art. 2025 et 2026 ne
s'opposeraient pas à la division ; mais ce qui la rend
impossible, c'est que le créancier n'a reçu qu'une
caution. Secundus n'est pas une caution quant à
lui (1), c'est un des débiteurs principaux.

3° *point.* — 1° Les personnes qui ont cautionné
chacune un débiteur solidaire différent, ne sont pas
cofidéjusseurs, par conséquent l'extinction de l'o-
bligation de l'une d'elles ne libère jamais les autres,
et parmi les modes d'extinction de la dette principale,
trois seulement leur profitent, à savoir : le payement,
la novation, la destruction de la chose par le fait de
l'une d'elles.

2° Un débiteur solidaire peut invoquer non-seu-

(1) Art. 2025 : « Lorsque plusieurs personnes se sont rendues
cautions d'un même débiteur... » ; dans l'espèce, il n'y a qu'une
personne qui se soit rendue *caution*, l'autre s'est portée *débiteur solidaire*.

lement le payement (art. 1200) ou la novation (art. 1281) faits par son codébiteur solidaire, mais encore le serment qu'il a prêté (art. 1365, 4° al.), la remise sans réserves qui lui a été faite (art. 1285) ; enfin la remise avec réserves et la confusion, en ce que le créancier devra déduire désormais du montant de sa demande la part remise ou confondue (art. 1285 et 1301). La caution pourra donc les invoquer elle-même, autrement ces modes de libération ne profiteraient pas au débiteur qu'elle a cautionné, puisque, si elle était forcée de payer, elle aurait un recours contre lui.

Mais bien plus, la caution peut se prétendre libérée, conformément à l'art. 2037 du Code civil, lorsque le créancier a déchargé un des codébiteurs solidaires ou la caution d'un des codébiteurs solidaires, car la subrogation à son profit est par là rendue impossible. Or la caution peut en ressentir un préjudice considérable. Par exemple : Primus et Secundus doivent solidairement 1,200 fr., le créancier décharge Secundus et demande le payement à la caution de Primus (1). Si la caution paye, elle n'aura de recours que contre Primus ; or il est insolvable, c'est donc 600 fr. qui demeureront à sa charge ; au contraire si Secundus était resté obligé, elle aurait pu lui réclamer, comme à son cofidéjusseur, la moitié de cette somme. Est-ce la caution de Secundus qui a été déchargée par le créan-

(1) Si le créancier avait laissé la prescription s'accomplir au profit de *Secundus*, la caution de *Primus* pourrait également invoquer l'art. 2037.

cier, la caution de Primus ayant payé les 1,200 fr.
qui sont dus peut trouver Primus et Secundus insolvables; or, si la caution de Secundus était restée
obligée, elle aurait supporté la moitié de la perte.

§ 3. Rapports de la caution avec les tiers qui ont donné
leur chose en nantissement, ou qui l'ont hypothéquée
pour la sûreté de la dette.

1ᵉʳ *point.* — La caution qui a payé la dette est subrogée légalement, en vertu de l'art. 1251-3°, dans
les droits d'hypothèque et de nantissement consentis
au créancier par un tiers. De même le tiers, s'il a payé
la dette, est subrogé dans les droits du créancier contre la caution; car, selon ce qui est écrit dans l'art.
2168 du Code civil, on peut dire que ce tiers est tenu,
seulement il ne l'est pas sur tous ses biens. Or, étant
tenu pour le débiteur principal, il a droit, aussi
bien que la caution, à la subrogation légale (1).

De cette réciprocité de recours entre la caution
réelle et la caution personnelle, il suit naturellement
qu'il doit se faire entre elles une répartition (2).
Quelles en seront les bases? Si la valeur de l'immeuble
hypothéqué (ou de la chose donnée en nantissement)
est égale ou supérieure au montant de la dette, la
répartition se fera entre les deux cautions pour parts
viriles : Primus ayant payé 1,200 fr. réclamera à
Secundus 600 fr. Si la valeur de l'immeuble hypo-

(1) Mourlon, pages 124 et s. — Ponsol, p. 336.
(2) Art. 2033, argument d'analogie, → Mourlon, p. 131. —
Aubry et Rau, III, p. 131, note 61.

théqué est inférieure au montant de la dette, c'est seulement jusqu'à concurrence de cette valeur qu'il existe deux cautions; pour le surplus il n'y en a qu'une seule, et par conséquent pas de question de recours de caution à caution. Ainsi : Primus s'est porté caution pour 1,200 fr. dus par un tel; Secundus a hypothéqué pour la même dette un immeuble qui vaut 900 fr.; la caution Primus ayant payé, réclamera à Secundus 450 fr. et supportera: 1° une pareille somme de 450 fr., 2° les 300 fr. qu'elle a seule cautionnés (1).

2ᵉ *point*. — L'art. 1221-1° s'oppose à ce que la caution réelle puisse invoquer le bénéfice de division; mais si c'est la caution personnelle qui est poursuivie, le même obstacle ne se rencontre plus; il semble donc que cette caution pourra forcer le créancier à diviser son action entre elle et la caution réelle.

§ 5. — Rapports de la caution avec le tiers détenteur d'un immeuble hypothéqué à la dette.

Il s'agit d'un tiers détenteur qui n'a pas hypothéqué lui-même l'immeuble qui est entre ses mains. Si c'est la caution qui a payé, elle peut recourir contre lui (2), et ce recours aura lieu pour le tout, puisqu'entre ces personnes il n'y a pas d'égalité de position qui réclame la répartition de la dette (3).

A l'inverse, si c'est le tiers détenteur qui a payé la dette, peut-il recourir contre la caution?

(1) Mourlon, p. 434. — Aubry et Rau, III, p. 434, note 62.
(2) Mourlon, p. 84.
(3) Mourlon, p. 98. — Aubry et Rau, III, p. 430, note 60.

Il faut distinguer :

1re *hypothèse.* — La valeur de l'immeuble hypothéqué est égale ou supérieure au montant de la dette. Dans cette hypothèse le tiers détenteur ne peut rien réclamer à la caution (1).

Le système qui accorde au tiers détenteur un recours contre la caution, se fonde sur l'interprétation rigoureuse des textes. Le tiers détenteur était tenu (art. 2168) pour d'autres; il a payé, donc il est subrogé dans tous les droits du créancier (art. 1251-3°). Mais l'équité et le but même de la subrogation résistent à cette solution.

Le tiers acquéreur de l'immeuble qui a été hypothéqué, soit par le débiteur, soit par un tiers, pour la sûreté de la dette, peut aisément connaître l'hypothèque en demandant un état des inscriptions, et il a un moyen facile d'en affranchir l'immeuble, c'est de purger. Si, ayant négligé ce moyen que la loi lui offre, il est forcé de payer au delà du prix d'acquisition, ou même de payer une seconde fois, il ne doit s'en prendre qu'à lui-même, et l'on ne comprendrait pas qu'il pût recourir contre la caution, et lui faire supporter les conséquences de sa négligence.

Un autre argument spécial au cas où l'hypothèque a été consentie par le débiteur lui-même résulte de l'idée suivante : si l'immeuble hypothéqué était resté

(1) Aubry et Rau, III, p. 130, note 59. — Mourlon, p. 98 et 99. Cet auteur distingue suivant que l'hypothèque avait été ou non constituée avant le cautionnement ; dans le premier cas le tiers n'a pas de recours, il en a un dans le second.

dans les mains du débiteur principal, et que le créancier l'eût saisi, la caution aurait été déchargée ; or, en vendant, le débiteur n'a pas dû pouvoir aggraver la position de la caution.

Enfin, dans l'opinion contraire, on est contraint par la logique à décider que le donataire de l'immeuble hypothéqué, s'il a payé, pourra recourir contre la caution ; en effet il était tenu pour le débiteur principal, et il a payé, les conditions de la subrogation légale sont remplies (art. 1251-3°). Il est impossible d'échapper à ce résultat déraisonnable, car si l'on refuse à l'acquéreur à titre gratuit le droit de recourir contre la caution, ce sera parce qu'il est injuste de faire supporter à la caution l'imprudence du donataire qui n'a pas rempli, comme il l'aurait dû, les formalités de la purge ; or, le même motif empêche que l'acquéreur à titre onéreux qui n'a pas purgé, puisse recourir contre la caution. Sans doute l'un cherche à ne pas perdre le bénéfice d'une donation, tandis que l'autre veut éviter une perte positive ; mais, pour la caution, c'est tout un ; dans les deux cas, la subrogation lui causerait un préjudice injuste ; or, la subrogation qui a été établie dans une pensée d'équité, ne peut pas servir à consacrer une injustice.

2ᵉ *hypothèse*. — La valeur de l'immeuble hypothéqué, est inférieure au montant de la dette. Le tiers détenteur pourra recourir contre la caution, pour ce qu'il a payé au delà de cette valeur.

Soit une dette de 12,000 fr. garantie par un cautionnement, et par une hypothèque sur un immeuble qui vaut seulement 10,000 fr. L'immeuble est, si l'on peut parler ainsi, tenu pour 10,000 fr.; si celui qui le tient paye ces 10,000 fr., la caution sera encore tenue pour 2,000 fr.; donc, si le tiers détenteur paye non pas seulement la valeur de l'immeuble, mais toute la dette, il est juste qu'il puisse recourir contre la caution dans la mesure de l'avantage qu'il lui procure.

Observation commune aux rapports de la caution avec les tiers dont il a été question dans les quatre paragraphes précédents. — Si la caution a payé une dette qui était éteinte par la compensation, elle ne peut plus invoquer la subrogation au préjudice de ces tiers, à moins qu'elle n'ait eu une juste cause d'ignorer la créance qui devait compenser sa dette (art. 1199).

DROIT ROMAIN.

PRÉAMBULE HISTORIQUE.

L'obligation accessoire est un fait trop complexe, et d'une analyse trop difficile, pour qu'un peuple dont le droit commence à se former puisse lui appliquer d'abord des règles larges et durables. Aussi, le développement naturel des affaires et les nécessités pratiques appellent-ils bientôt des changements dans la législation, et le droit se modifie sous l'empire des besoins. C'est ce qui paraît dans le droit romain, où l'on voit l'obligation accessoire soumise à des règles diverses, et modifiée d'époque en époque, depuis les temps les plus voisins de la loi des Douze Tables jusqu'aux Novelles de Justinien. L'histoire de ces transformations, et des incertitudes du législateur qui cherche dans la série des siècles à donner aux règles du droit une formule raisonnable, est un curieux objet d'étude; on essayera d'en tracer en cette matière une esquisse rapide.

La première espèce de contrat par laquelle on put s'obliger accessoirement, fut la *sponsio;* elle ne pouvait pas être employée par les étrangers (1), et ses

---

(1) Gaius, III, § 93.

conséquences étaient très-rigoureuses pour le débiteur principal, et même pour le créancier, car ils étaient soumis à la *manus injectio* : le premier, s'il ne remboursait pas dans les six mois au *sponsor* ce qu'il avait payé; l'autre, s'il avait exigé plus qu'il ne lui était dû (1).

Le *fidepromissio*, qui ne présentait pas les mêmes inconvénients, fut la seconde forme de l'obligation accessoire.

Ces deux formes primitives, qui subsistaient encore à l'époque de Gaius (2), avaient plusieurs défauts qui leur étaient communs :

1° Elles ne pouvaient être employées que si l'obligation principale s'était formée *verbis* (3);

2° L'obligation qui en résultait était viagère, elle s'éteignait par la mort du *sponsor* ou du *fidepromissor* (4);

3° Une loi Furia, de l'an 659 de la fondation de Rome, établissait en leur faveur une prescription de deux ans, et divisait la dette entre les codébiteurs accessoires, même lorsqu'il y en avait d'insolvables (5).

C'est vers cette époque, entre les années 659 et 673, que la *fidejussio* commença à être en usage. Elle n'avait pas les défauts de la *sponsio* et de la *fidepromissio*; ainsi :

(1) Gaius, IV, § 22.
(2) Gaius, III, § 115.
(3) Gaius, III, § 119.
(4) Gaius, III, § 120.
(5) Gaius, III, § 121.

Premièrement : Toute obligation pouvait être corro-
borée par une *fidejussio* (1);

Deuxièmement : L'obligation du fidéjusseur passait
à ses héritiers (2);

Troisièmement : Elle était perpétuelle, et chacun des
fidéjusseurs était tenu pour le tout. Toutefois, depuis
Adrien, le fidéjusseur put exiger que le créancier
divisât son action, mais seulement entre les fidéjusseurs solvables (3).

Quelques progrès que réalisât l'institution nouvelle, elle présentait encore de notables défauts :

1° Lorsque le créancier avait agi contre le débiteur principal, n'eût-il rien obtenu de lui, il ne pouvait plus poursuivre le fidéjusseur; son droit d'agir
était épuisé (4).

On y remédia au moyen de ce que les interprètes
modernes ont nommé la *fidejussio indemnitatis.*

2° Si le créancier a plusieurs *fidejussores indemnitatis,* il peut, à la vérité, après avoir inutilement poursuivi le débiteur principal, s'attaquer à ces fidéjusseurs; mais la poursuite dirigée contre l'un d'eux
libère tous les autres.

3° La *fidejussio,* contrat verbal, exige que les parties contractantes soient présentes en personne (5).

4° Une loi Cornélia de l'an 673 de la fondation de

(1) Gaius, III, § 119.
(2) Gaius, III, § 120.
(3) Gaius, III, § 121.
(4) Paul, *Sentences,* II, 17, § 16. — Gaius, III, §§ 180 et 181.
(5) Instituts, III, 19, *De inutilibus stipulationibus,* § 12.

Rome décidait qu'on ne pouvait pas se porter débiteur accessoire de la même personne, envers le même créancier, pour plus de 20,000 sesterces dans le cours d'une année (1).

On pouvait éviter tous ces inconvénients au moyen du *mandatum pecuniæ credendæ* (2). C'était un contrat consensuel, et par conséquent de bonne foi ; il en résultait que le mandataire, s'il n'était pas payé, pouvait poursuivre successivement le débiteur principal, et les débiteurs accessoires ses mandants (3). Il pouvait se former *inter absentes* (4), et on ne voit pas que la loi Cornélia lui fût applicable.

Toutefois, le *mandatum pecuniæ credendæ* ne pouvait que précéder l'obligation principale, tandis que la fidéjussion pouvait la précéder ou la suivre (5) ; c'était un désavantage du *mandatum pecuniæ credendæ*, par rapport à la fidéjussion : on imagina, pour l'éviter, d'employer le pacte de constitut, institution qui avait un rôle propre en dehors de la matière des obligations accessoires (6), mais dont on fit usage dans cette matière à titre d'expédient : le *constituens* promettait de payer à certain jour la dette principale (7).

(1) Gaius, III, § 124.
(2) Institutes, III, 26, *De mandato*, §§ 5 et 6.
(3) L. 13 et 71 pr., Dig., *De fidejussoribus*, 46, 1.
(4) Gaius, III, § 136. — L. 32 Dig., *Mandati*, 17, 1.
(5) Institutes, III, 20, *De fidejussoribus*, § 3.
(6) L. 1 Dig., *De pecunia constituta*, 13, 5.
(7) Institutes, IV, 6, *De actionibus*, § 9. — L. 5, § 2 Dig., *De pecunia constituta*, 13, 5.

C'est après toutes ces évolutions du droit, que se placent les deux réformes de Justinien, à savoir : l'effet extinctif de la *litis contestatio* supprimé (1), et l'obligation imposée au créancier de discuter le débiteur principal, avant de poursuivre le débiteur accessoire (2).

Dans l'ancien droit français, les règles du droit de Justinien furent suivies, à cela près que dans les pays coutumiers la jurisprudence substitua les principes de l'équité à ceux du droit strict, et que l'interprétation modifia quelquefois les règles du droit romain, par exemple on cessa de regarder la discussion du débiteur principal comme une mesure préalable imposée par la loi au créancier, le fidéjusseur pouvait seulement la réquérir.

Enfin le Code civil réalisant, en lui donnant plus d'étendue, une pensée de Dumoulin (3), posa le principe de la subrogation légale au profit de tous ceux qui payent la dette d'autrui (4), et par conséquent au profit des cautions qui payent pour le débiteur principal (5); de plus, l'abrogation des principes du droit strict est formellement écrite dans l'art. 1134 : la disposition de l'art. 2037 qui consacre une opinion professée par Pothier, et par le plus grand nombre des auteurs anciens, en est une conséquence.

(1) L. 28 Code, *De fidejussoribus*, 8, 41.
(2) Novelle, 4, chap. 1.
(3) *Molinæi operâ*, III, *Prima lectio dolana*, nos 20 et 41.
(4) Art. 1249, 1251.
(5) Art. 2029.

Ainsi, le législateur français ayant mis à profit les travaux et l'expérience du passé, a pu tracer sur la matière du cautionnement des règles meilleures que celles du droit romain : elles ont dépouillé cette rigueur qui, favorable sans doute au développement scientifique, et à l'unité des théories, avait le défaut de sacrifier l'homme à la logique (1), et elles ont pris une forme plus souple et mieux appropriée aux besoins nouveaux. C'est le trait distinctif des deux législations comme des deux sociétés : l'une est fondée sur le principe d'autorité, le droit y est à l'origine un ordre sacré, on en vénère la lettre, la formule matérielle (2), et les jurisconsultes, hommes conservateurs, entretenant avec amour les traditions antiques, invoquent encore au temps de Justinien l'autorité de la loi des Douze Tables (3) ; l'autre repose tout entière sur la libre convention des hommes.

PREMIÈRE PARTIE.

DES RAPPORTS DU FIDÉJUSSEUR AVEC LE CRÉANCIER.

C'est principalement au point de vue de la fidé-

(1) Par exemple, la forme solennelle de la stipulation, la pluris petitio, la théorie des pactes...., etc.
(2) Gaïus, IV, § 11. — Cicéron, Pro Murena, n°° 11 et 12 : ... « res enim sunt parvæ, prope in singulis literis atque interpunctionibus verborum occupatæ »...., etc.
(3) Institutes, III, 2, De legitima agnatorum successione, § 3 : ... « nos vero legem duodecim tabularum sequentes »...., etc.

jussion qu'il convient de se placer ; en effet, outre
qu'elle est le moyen direct et normal de cautionner
une obligation, elle présente, à toutes les époques de
son histoire, une physionomie toute romaine qui fait
contraste avec la théorie du cautionnement en droit
français. On ne parlera qu'incidemment, du mandat
et du constitut, employés dans la pratique pour produire un cautionnement ; de la *sponsio* et de la *fidé-
promissio*, institutions tombées en désuétude au
temps de Justinien (1).

SECTION 1re. — *Des moyens de droit que le fidéjusseur
peut faire valoir contre le créancier qui le poursuit.*

Premièrement. — Le fidéjusseur peut opposer au
créancier la nullité de son obligation : les causes de
nullité sont nombreuses, plusieurs tiennent à la rigueur avec laquelle la fidéjussion avait été régle-
mentée.

1re *cause de nullité.* — La fidéjussion se forme toujours *verbis* (2) ; il en résulte qu'elle est sujette aux nullités qui peuvent atteindre les stipulations. Ainsi :
1° la fidéjussion ne peut pas se former *inter absentes*,
c'est-à-dire par correspondance, ou au moyen d'un
nuntius (3). Cette règle ne s'appliquait pas au *mandatum pecuniæ credendæ* ; il pouvait se former *inter ab-*

(1) Institutes, III, 20, *De fidejussoribus*, pr.
(2) Gaius, III, § 116.
(3) Gaius, III, § 136.

sentes, comme tous les contrats consensuels; 2° La promesse du fidéjusseur doit concorder avec la stipulation du créancier. A l'origine les termes de la demande devaient être exactement reproduits dans la réponse (1). Mais plus tard on se relâcha de cette rigueur (2); et même, au Bas-Empire, une constitution de l'empereur Léon, de l'an 469, supprima les formules solennelles de la stipulation; il est vrai qu'une interrogation et une réponse conforme furent toujours exigées, mais on put employer des termes quelconques (3).

2° *cause de nullité.* — Il est évident que la fid'.is sion ne s'est pas formée si l'obligation pri: était nulle ou éteinte (4) : une personne a prêté en *mutuum* de l'argent qui ne lui appartenait pas; une personne a stipulé et l'autre a répondu le lendemain, ou le jour même, mais après avoir procédé à d'autres actes; il n'y a point de *mutuum* (5), point de contrat verbal (6); après s'être obligée, une personne a subi la déportation (7); son obligation est éteinte. Dans les deux cas il n'y a pas de fidéjussion possible.

Si l'on suppose que l'obligation principale s'est formée, mais que le débiteur a obtenu la *restitutio in integrum*, le fidéjusseur sera libéré si la restitution a eu pour

(1) Gaius, III, § 92.
(2) L. 1, § 2 Dig., *De verborum obligationibus*, 45, 1.
(3) L. 10 Code, *De contrahenda et committenda stipulatione*, 8, 38. — Instituts, III, 15, *De verborum obligationibus*, § 1.
(4) L. 128, § 1 Dig., *De regulis juris*, 50, 17.
(5) L. 2, § 5 Dig., *De rebus creditis*, 12, 1.
(6) L. 137 pr. Dig., *De verborum obligationibus*, 45, 1.
(7) L. 47, pr. Dig., *De fidejussoribus*, 46, 1.

cause le dol ou la violence; si c'est la lésion, le fidéjusseur restera tenu (1), à moins que la restitution n'ait
enlevé au débiteur principal la qualité même en laquelle il se trouvait obligé, par exemple la qualité
d'héritier (2).

Mais le fidéjusseur n'a pas seulement le droit de
se prévaloir de la restitution obtenue par le débiteur
principal pour cause de violence ou de dol; si la restitution n'a pas été demandée, il peut, lorsqu'il est
poursuivi, invoquer les exceptions de dol ou de violence du chef du débiteur principal. Il peut aussi opposer — l'exception du sénatus-consulte Macédonien,
s'il a garanti *non donandi animo* (3) l'emprunt d'argent fait par un fils de famille, — l'exception du
sénatus-consulte Velléien, s'il a répondu, même *donandi animo* (4), pour une femme qui est dans le
cas de l'invoquer (5), — et anciennement, avant
que l'exception de dol n'eût été généralisée, l'exception de la loi Plætoria, dans le cas où le débiteur principal mineur de 25 ans aurait été trompé
(*circumscriptus*) (6).

Une autre exception à laquelle il a droit, c'est
l'exception *non numeratæ pecuniæ* (7) qui met le de-

(1) L. 2 Code, *De fidejussoribus minorum*, 2, 21.
(2) L. 89 Dig., *De acquirenda vel omittenda hereditate*, 29, 2.
(3) L. 9, § 3 Dig., *De senatus-consulto Macedoniano*, 14, 6.
(4) L. 16, § 1 Dig., *Ad senatus-consultum Velleianum*, 16, 1.
(5) L. 7, § 1 Dig., *De exceptionibus*, 44, 1.
(6) Même loi. — M. Machelard, *Des obligations naturelles en
droit romain*, p. 259. — M. Demangeat, *Cours de droit romain*,
II, p. 668.
(7) L. 12 Code, *De non numerata pecunia*, 4, 30.

mandeur, dans la nécessité de prouver que les es-
pèces ont été comptées à l'emprunteur (1).

Du reste, cette exception se perd par le laps de
cinq ans à compter de l'emprunt ; ce délai fut réduit
à deux ans (*biennium continuum*) par Justinien (2) ;
mais, si le créancier n'agit pas, de manière à laisser
le délai s'écouler et l'exception se périmer, le débiteur ou le fidéjusseur peut prendre les devants, et
exiger sa libération, *condicere obligationem* (3).

3ᵉ *cause de nullité.* — L'obligation du fidéjusseur doit avoir le même objet que celle du débiteur
principal (4). Ce qui a été dit sur ce point pour le
droit français, peut s'appliquer ici (5).

Lorsqu'un fidéjusseur s'est obligé *in duriorem
causam*, son obligation est-elle nulle pour le tout
ou seulement réductible ?

La loi 8, § 7, au Digeste, *De fidejussoribus*, liv. 46,
tit. 1ᵉʳ, renferme la disposition suivante : *Illud commune est in universis, qui pro aliis obligantur : quod
si fuerint in duriorem causam adhibiti, placuit eos
omnino non obligari.* Ces derniers mots signifient-ils
que l'obligation est entièrement nulle, même pour
ce qui n'excède pas l'obligation principale ? Il est
difficile de le croire ; en effet, la loi 8 *De fidejussoribus* est d'Ulpien ; or, le même jurisconsulte décide

(1) L. 4 Code, *De non numerata pecunia*, 4, 30.
(2) L. 14 Code, *De non numerata pecunia*, 4, 30.
(3) L. 1 pr. et § 1, et L. 3, *De condictione sine causa*, Dig., 12, 7.
(4) L. 42 Dig., *De fidejussoribus*, 46, 1.
(5) Voy. p. 4.

ailleurs (loi 1, § 4, *De verborum obligationibus*, liv. 15,
tit. 1), que si j'ai stipulé 10, et si vous avez promis
20, vous serez tenu pour 10, ce qui paraît autoriser
à dire que si le créancier d'une somme de 10 reçoit
un fidéjusseur pour 20, l'obligation sera valable pour
10. Une autre remarque fortifie cette interprétation:
Ulpien, dans la loi 8 *De fidejussoribus*, emploie ces ex-
pressions : *illud commune est in universis, qui pro aliis
obligantur...,* etc. Or, le *constituens* est une de ces personnes qui s'obligent pour autrui, et il est certain
que s'il promet plus que le débiteur principal ne
doit, son obligation n'est pas nulle, mais seulement
réductible. C'est ce que décide Ulpien lui-même
dans la loi 11, § 1er, au Digeste *De pecunia constituta*, liv. 13, tit. 5 (1).

On peut donc admettre que si le fidéjusseur a
promis une quantité plus grande, l'obligation n'est
pas nulle pour le tout ; mais il en serait autrement
si l'obligation était excessive *die, loco, conditione,
modo*. C'est ce qui paraît résulter de la loi 83, §§ 2
et 3, au Digeste *De verborum obligationibus*, liv. 45,
tit. 1. Dans le premier cas, pour les quantités (*in
summis*), *id quod minus est sponderi videtur ;* dans le
second, il n'y a point d'obligation, parce que la réponse n'est pas conforme à la demande : *constat
non teneri te, nec ad interrogatum respondisse.*

Quoique le fidéjusseur ne puisse pas contracter

---

(1) En ce sens M. Demangeat, *Cours de droit romain*, II, p. 279.
— *Contra*, Pothier, *Traité des obligations*, n° 376.

une obligation plus étendue que celle du débiteur principal, il peut s'obliger plus rigoureusement quant à la nature du lien (1) ; il y a de cette règle une application spéciale au droit romain : c'est lorsque le fidéjusseur a répondu pour une personne qui jouit du bénéfice de compétence ; le fidéjusseur est plus étroitement obligé, puisqu'il pourra être contraint à payer toute la dette, au lieu que le débiteur principal ne peut l'être que dans la limite de ses facultés (2).

4° *cause de nullité.* — Le consentement du fidéjusseur peut avoir été vicié par l'erreur : si elle porte sur le contrat lui-même ou sur l'objet du contrat, le fidéjusseur n'est pas obligé (3) ; mais si elle ne porte ni sur le contrat lui-même, ni sur l'objet du contrat, l'obligation est valable, comme en droit français. L'obligation est également valable, si le fidéjusseur n'a consenti que sous l'empire de la violence ou du dol ; mais dans tous ces cas le droit prétorien lui accorde une exception. Il peut même intenter une action prétorienne, l'action *de dolo*, contre l'auteur du dol ; ou l'action *quod metus causa*, soit contre l'auteur de la violence, soit contre celui qui en a profité (4).

5° *cause de nullité.* — Incapacité du créancier ou du fidéjusseur.

(1) Pothier, *Traité des obligations*, n° 376.
(2) L. 7 pr. Dig., *De exceptionibus*, 44, 1.
(3) L. 48 pr. Dig., *De rebus creditis*, 12, 1. — Institutes, III, 19, *De inutilibus stipulationibus*, § 23.
(4) Sur tous ces points, M. Vernet, *Textes choisis sur la théorie des obligations*, pages 225 et s.

A. *Incapacité du créancier.* — Lorsqu'un fils de famille est créancier de son père, ou lorsqu'un esclave est créancier de son maître, il ne peut pas recevoir un fidéjusseur, car le fils ou l'esclave, en stipulant d'un fidéjusseur, acquérait pour le père ou pour le maître, de telle sorte que ce serait le débiteur qui aurait un fidéjusseur obligé envers lui, résultat évidemment absurde (1). Voilà pour l'incapacité du créancier.

B. *Incapacité du fidéjusseur.*

α'. Le sénatus-consulte Vélléien, rendu en l'an 709 de la fondation de Rome, donnait une exception aux femmes qui s'étaient obligées pour autrui (2), à moins qu'elles n'y eussent un intérêt personnel (3).

Si la femme s'était obligée en partie dans son propre intérêt, en partie dans l'intérêt d'autrui, elle pouvait invoquer l'exception pour tout ce qui dépassait la mesure de son intérêt (4).

Mais le sénatus-consulte ne protégeait pas la femme qui aurait cherché à tromper le créancier (5). De plus, elle pouvait, lorsqu'elle était poursuivie par le créancier, renoncer à invoquer l'exception (6). Enfin, Justinien a déclaré que l'*intercessio* de la femme serait valable dans plusieurs cas particuliers :

(1) L. 56, § 1 Dig., *De fidejussoribus*, 46, 1.
(2) L. 1, §§ 1 et 2 Dig., *Ad senatus-consultum Velleianum*, 16, 1.
(3) L. 13 pr., *ibid.*
(4) L. 1, § 4 Dig., *De pignoribus*, 20, 1.
(5) L. 1, § 3, et L. 30 pr. Dig., *Ad senatus-consultum Velleianum*, 16, 1.
(6) L. 32, § 4, *ibid.*

1° Dans le cas où une femme a cautionné l'obligation d'un esclave, qui a promis une somme d'argent à son maître pour obtenir sa liberté, si l'affranchissement a eu lieu (1) ;

2°. Lorsque la femme s'est obligée moyennant une indemnité quelconque (*aliquid accipiens*) (2).

3° Lorsque la femme renouvelait son engagement après deux ans (3).

A l'inverse, Justinien, dans la Novelle 134, chapitre 8, déclare *absolument nulle* l'obligation accessoire contractée par la femme mariée en faveur de son mari, lorsqu'il emprunte une somme d'argent, à moins qu'on ne prouve que l'argent a été employé dans l'intérêt même de la femme.

β. L'esclave est incapable d'*intercedere pro alio* ; en effet, à la différence du fils de famille, il ne peut pas obliger le *paterfamilias* en jouant le rôle d'*intercessor* (4) ; et il ne peut pas être obligé lui-même civilement, par un contrat (5). Toutefois, le *dominus* sera tenu *de peculio*, si l'esclave s'est porté fidéjusseur *in rem domini* ou *ob rem peculiarem* (6).

Voilà la première série de moyens que le fidéjusseur poursuivi peut opposer au créancier.

Deuxièmement. — Il peut invoquer l'extinction du cautionnement.

---

(1) L. 24 Code, *Ad senatus-consultum Velleianum*, 4, 29.
(2) L. 23 pr., *ibid.*
(3) L. 22, *ibid.*
(4) L. 3, §§ 8 et 9 Dig., *De peculio*, 15, 1.
(5) L. 44 Dig., *De obligationibus et actionibus*, 44, 7.
(6) L. 47, § 1, Dig., *De peculio*, 15, 1.

Les modes d'extinction se divisaient, dans le droit romain, en deux grandes classes : les uns opéraient, *ipso jure*, c'est-à-dire que le juge pouvait, sans en avoir reçu dans la formule le pouvoir spécial, en admettre la preuve ; les autres ne procuraient au défendeur qu'une exception, c'est-à-dire que le juge ne pouvait pas les prendre en considération, si la formule ne lui en donnait pas le pouvoir. Cette distinction qui s'est introduite avec la procédure formulaire, ne disparut pas avec elle, parce qu'elle avait une base dans les faits ; ainsi : lorsque le défendeur invoque un mode d'extinction opérant *ipso jure*, il conteste directement la prétention du demandeur ; au contraire, par l'exception, il ne nie pas précisément le bien fondé de la demande, mais il allègue l'existence de certains faits qui doivent empêcher qu'il ne soit condamné. Son utilité pratique subsista à plusieurs points de vue (1), notamment en ce que l'extinction *ipso jure* pouvait être invoquée par toute personne intéressée, par exemple par un fidéjusseur, tandis qu'il n'en était pas toujours ainsi pour l'extinction *exceptionis ope*.

§ 1er. — Modes d'extinction opérant *ipso jure*.

1° Le payement fait par le débiteur principal, ou par le fidéjusseur, ou par une personne quelconque, libère le fidéjusseur *ipso jure* envers le créancier (2).

(1) M. Demangeat, *Cours de droit romain*, II, p. 416.
(2) Institutes, III, 29 pr., *Quibus modis obligatio tollitur.*

Il en est de même du dépôt de la somme ou de la chose due dans un lieu convenable, après qu'on l'a offerte au créancier en présence de témoins (1). La *datio in solutum* a le même effet que le payement, à l'époque de Justinien, mais il y avait eu discussion sur ce point entre les Sabiniens et les Proculiens; les premiers l'assimilaient au payement, les autres y voyaient une opération *sui generis* ne pouvant procurer au débiteur que l'exception de dol (2).

2° L'*acceptilatio* appliquée à l'obligation du fidéjusseur, ou à celle du débiteur principal si elle s'est formée *verbis*, a l'effet d'un payement; c'est un payement fictif, *imaginaria solutio* (3); cependant, elle peut intervenir après un payement réel, pour en assurer la preuve (4). L'*acceptilatio* faite à l'un des fidéjusseurs libère les autres, car elle profite au débiteur principal (5); or, l'obligation principale disparaissant, les obligations accessoires doivent tomber. Si le fidéjusseur avait, par des menaces, arraché une *acceptilatio* au créancier, il serait libéré sans doute, mais le créancier aurait contre lui l'action *quod metus causa*, pour le faire condamner au quadruple s'il ne faisait pas revivre l'obligation primitive (6).

---

(1) L. 7 et 41, § 1 Dig., *De usuris*, 22, 1. — L. 2, 6, 10 Code, *De usuris*, 4, 32.

(2) Gaius, III, § 168.

(3) Gaius, § 169 et 170.

(4) L. 19, § 1 Dig., *De acceptilatione*, 46, 4.

(5) L. 2 Dig., *De duobus reis*, 45, 2. — L. 13, § 7 Dig., *De acceptilatione*, 46, 4.

(6) L. 9, § 8 Dig., *Quod metus causa*, 4, 2.

3. Comme l'*acceptilatio*, la novation est assimilée au payement; ainsi Vénuléius, dans la loi 31, § 1er, au Digeste, *De novationibus*, liv. 46, tit. 2, se sert de cette formule : « ... *Cum eam stipulationem similem esse solutioni existimemus...* » Le fidéjusseur sera donc libéré par la novation de la dette principale (1); que la novation ait lieu par changement de créancier, d'objet, ou de débiteur, et dans ce dernier cas, que l'obligation nouvelle soit contractée par un tiers, ou par un de ses cofidéjusseurs (2).

4° La *litis contestatio*, si l'instance est légitime, éteint *ipso jure* l'obligation (3), par conséquent le fidéjusseur est libéré dès que le créancier a poursuivi le débiteur principal (4) ou un des cofidéjusseurs (5). Cela tient à ce que le droit romain n'accorde les actions qu'avec une sorte de parcimonie. Le débiteur principal et les fidéjusseurs doivent au créancier la même chose; le créancier, s'est-on dit, n'a donc besoin pour l'obtenir, que d'une seule action; lorsqu'il l'aura exercée une fois, son droit sera épuisé.

Si le créancier n'agit que pour partie, la libération des co-obligés n'est que partielle, et il conserve tous ses droits pour le surplus, sauf la restriction qui résulte de l'exception *litis residuæ* (6).

(1) L. 60 Dig., *De fidejussoribus*, 46, 1. — L. 4 Code, *De fidejussoribus*, 8, 41.
(2) Argument de la L. 31, § 1 Dig., *De novationibus*, 46, 2.
(3) Gaius, III, § 180.
(4) Paul, *Sentences*, II, 17, § 16.
(5) L. 28 Code, *De fidejussoribus*, 8, 41.
(6) Gaius, IV, § 121.

Sous Justinien, la *litis contestatio* n'éteint plus les droits du créancier (1).

5° La perte par cas fortuit libère tous les obligés principaux ou accessoires, sauf ceux qui seraient en demeure, et leurs fidéjusseurs (2). Il en est exactement de même si la perte résulte de la négligence de l'un des coobligés (3). Au contraire, la perte résultant du fait positif du débiteur principal ne libère personne (4), mais celle qui provient du fait d'un fidéjusseur, libère le débiteur principal (5), et par conséquent les autres fidéjusseurs (6).

6° Les fidéjusseurs sont libérés si la confusion se produit entre la personne du créancier et celle du débiteur principal, *quia non possunt pro eodem apud eumdem obligati esse* (7). C'est le seul cas où un fidéjusseur puisse se prévaloir de la confusion (8). Ainsi, il ne pourrait pas l'invoquer dans le cas où elle se produirait entre son cofidéjusseur et le créancier. Sans doute, sa position est plus dure : il sera seul exposé aux poursuites, il ne pourra plus opposer l'exception de division, ni réclamer la cession des actions du créancier ; mais la fidéjussion est un contrat de

(1) L. 28 Code, De fidejussoribus, 2, 10.

(2) L. 88 Dig., De verborum obligatione, 45, 1. « Mora rei fidejussori quoque nocet. »

(3) L. 91 pr., ibid.

(4) Argument d'analogie, L. 18 Dig., De duobus reis, 45, 2.

(5) L. 19 Dig., De dolo malo, 4, 3, et L. 88, De verborum obligatione, 45, 1.

(6) L. 178 Dig., De regulis juris, 50, 17.

(7) L. 71 pr. Dig., De fidejussoribus, 46, 1.

(8) L. 21, § 1er, ibid. — L. 95, § 3, De solutionibus, 46, 3.

droit strict, il faut l'interpréter rigoureusement; or, par la confusion, l'un des fidéjusseurs disparaît du rapport d'obligation (*persona eximitur*), donc l'autre y reste seul engagé, et tout doit se passer comme s'il n'y avait jamais eu qu'un seul fidéjusseur (1).

7° Les contrats qui se forment par le seul accord de la volonté des parties, peuvent se dissoudre *contraria voluntate*, pourvu que les choses soient entières. Si l'engagement principal est ainsi dissous, le fidéjusseur sera libéré *ipso jure* (2).

Il en serait de même si le fidéjusseur avait garanti une obligation naturelle, car un simple pacte peut la dissoudre *ipso jure* (3).

8° Le serment éteint aussi *ipso jure* l'obligation naturelle (4).

9° Il y avait dans l'ancien droit romain deux modes de libération particuliers aux *sponsores* et aux *fidepromissores*, c'était : 1° le laps de deux années à compter de leur engagement; 2° leur mort (5).

10° Si le fidéjusseur a cautionné une obligation donnant naissance à une obligation temporaire, et que le créancier ait laissé passer le temps qui lui était accordé pour agir, le fidéjusseur sera libéré (6).

(1) Argument d'analogie, L. 71, *De fidejussoribus*, 46, 1, et L. 16, § 1, *ibid*.
(2) Instituts, III, 29, § 4, *Quibus modis obligatio tollitur*.
(3) L. 95, § 4 Dig., *De solutionibus*, 46, 3.
(4) Même loi, et L. 42 pr. Dig., *De jurejurando*, 12, 2.
(5) Gaïus, III, §§ 120 et 121.
(6) Instituts, IV, 12 pr., *De perpetuis et temporalibus actionibus*.

11° On voit dans les Instituts (liv. III, tit. 6, *De actionibus*, § 30) que la compensation éteint les obligations *ipso jure*. Cela ne signifie pas que la compensation a lieu par la seule puissance de la loi, car en droit romain la compensation est faite par le juge (1). Voici quel paraît en être le sens : sous le système formulaire, le juge avait dans les actions de bonne foi le pouvoir de prononcer la compensation, et il n'était pas nécessaire qu'une exception insérée dans la formule lui donnât ce pouvoir (2). Dans la *condictio incerti*, le juge pouvait également compenser, mais à la condition qu'une exception de dol eût été mise dans la formule (3). Enfin, dans toute autre action, l'exception ne donnait pas au juge le droit de compenser, mais le pouvoir d'absoudre le défendeur. Sous Justinien, il n'y avait plus de formules, elles avaient été supprimées par l'empereur Constance en l'an 132 (4), par conséquent le juge prononçait la compensation dans la *condictio incerti* comme dans les actions de bonne foi; on pouvait donc dire dans le premier cas comme dans le second que la compensation avait lieu *ipso jure*; au contraire, dans la *condictio certi* et dans les actions *in rem*, le juge n'ayant comme par le passé que le pouvoir d'absoudre le défendeur, on continua à dire, pour caractériser ce résultat différent, que la

(1) Institutes, IV, 6, *De actionibus*, § 39.
(2) *Ibid.*
(3) *Ibid.*
(4) L. 1 Code, *De formulis*, 2, 58.

compensation opérait *exceptionis ope*. En conséquence, il est aisé de comprendre que Justinien, ayant assimilé la troisième hypothèse aux deux premières (1), ait pu dire que la compensation aurait lieu désormais *ipso jure* dans toutes les actions.

Le fidéjusseur ne pouvait pas opposer au créancier une cause de compensation qui se serait produite dans la personne de son cofidéjusseur, mais il paraît qu'il pouvait opposer la compensation prononcée par le juge ou convenue entre son co-fidéjusseur et le créancier ; ainsi arrêtée, la compensation équivaut à un payement (2).

§ 2. — Modes d'extinction opérant *exceptionis ope*.

Deux règles dominent cette matière :

En principe, les pactes n'ont d'effet qu'entre les parties ; cependant le pacte fait *in rem* peut être invoqué par toute personne lorsque l'une des parties y a intérêt.

Certains pactes ayant été assimilés au payement peuvent être invoqués par les fidéjusseurs, quand même aucune des parties n'y serait intéressée.

—1° Si le créancier a fait un pacte *de non petendo in personam* ou *in rem* avec le fidéjusseur, il est évident que le fidéjusseur aura l'exception de pacte, puisqu'il a été partie dans le pacte, il est même la seule personne qui ait intérêt à l'invoquer. Si la remise

(1) L. 14 pr. Code, *De compensationibus*, 4, 31.
(2) M. Demangeat, *Des obligations solidaires*, p. 282, et L. 4, *Qui potiores in pignore*, 20, 4.

avait été faite *in rem* au débiteur principal, le fidéjusseur aurait l'exception si cela était utile au débiteur principal, ce qui se présentera toutes les fois que
le fidéjusseur, s'il était contraint de payer, aurait le
droit de recourir contre lui (1). Mais la remise faite
à un fidéjusseur ne profite pas à l'autre, puisque le
premier ne sera pas exposé à un recours de la part
de son cofidéjusseur (2).

Toutefois, si le créancier, en faisant le pacte avec
l'un des fidéjusseurs, avait entendu renoncer à tout
droit de poursuite, les autres fidéjusseurs seraient
protégés par l'exception de dol (3).

Si l'obligation principale n'était pas une obligation
verbale, l'acceptilation qui aurait été faite par le
créancier au débiteur principal ne serait pas valable
comme telle; mais elle pourrait renfermer un pacte
de non petendo, et procurer ainsi une exception au débiteur principal et au fidéjusseur (4).

2° Un créancier a deux *correi promittendi* qui ne
sont pas associés entre eux; s'il a légué à l'un d'eux
sa libération, le *correus* légataire ne peut pas forcer
l'héritier à lui faire *acceptilatio*; il aura seulement
l'exception *testamenti*, et son fidéjusseur l'aura comme
lui, puisque autrement le legs serait illusoire (5).

Mais si le legs de libération avait été fait à un

(1) L. 21, § 5, et L. 32 Dig., *De pactis*, 2, 14.
(2) L. 23, *ibid*.
(3) L. 25, § 2, et L. 26, *ibid*.
(4) L. 8 pr. et L. 19 pr. Dig., *De acceptilatione*, 46, 4.
(5) L. 3, § 3 Dig., *De acceptilatione legata*, 34, 3, et argument
de cette loi.

fidéjusseur, son cofidéjusseur n'aurait pas d'exception, à moins qu'il ne prouvât que le testateur avait
voulu que la libération lui profitât (1).

3° Si le débiteur principal ou le fidéjusseur a fait
avec le créancier un pacte de constitut, le fidéjusseur
poursuivi par le créancier pourra le lui opposer, *quià
loco ejus cui jam solutum est haberi debet is cui con-
stituitur* (2). Toutefois ce point souffre deux tempéra-
ments : 1° si c'est un tiers qui a fait avec le créancier le pacte de constitut, l'obligation principale
subsiste, et l'obligation du tiers vient seulement s'y
rattacher (3). 2° Comme dans les pactes tout dépend
de la volonté des parties, le créancier, en faisant le
pacte de constitut avec le débiteur principal, aurait
pu convenir qu'il conserverait l'action primitive, tout
en acquérant l'action *constitutæ pecuniæ* (4).

4° Une autre exception qui appartient au fidéjusseur, c'est l'exception *rei in judicium deductæ.* En
effet, dans les instances non légitimes, la *litis contestatio* n'éteignait pas la dette *ipso jure*, mais seulement
exceptionis ope (5). L'exception lui était acquise, soit
qu'il eût été poursuivi lui-même, soit que le créancier
se fût attaqué au débiteur principal ou à un autre
fidéjusseur. En effet les jurisconsultes voyaient dans
la *litis contestatio* une sorte de novation : cela est dit

(1) L. 3, § 4, Dig., *De acceptilatione legata*, 34, 3.
(2) L. 10 Dig., *De pecunia constituta*, 13, 5.
(3) L. 28, *ibid.*
(4) L. 1 pr., *ibid.*
(5) Gaius, IV, § 108.

clairement dans le § 203 des fragments du Vatican,
et dans la L. 29, *De novationibus*, au Digeste, liv. 46,
tit. 2, où l'on compare les effets de la *novatio volun-
taria* et du *judicium acceptum*. Ainsi encore, on voit
dans la loi 60, *De fidejussoribus*, au Digeste, liv. 46,
tit. 1, que le fidéjusseur, lorsqu'il y a eu novation, est
libéré *ipso jure* ou *exceptionis ope*; or la novation,
comme on l'a vu plus haut, libère toujours *ipso jure*
le débiteur principal et le fidéjusseur; le jurisconsulte
suppose sans doute que le débiteur principal a été
poursuivi dans une instance *imperio continens*, ce
qui procure à lui et au fidéjusseur l'exception *rei in
judicium deductæ*.

5° L'exception *rei judicatæ* est aussi une exception *rei cohærens*, et comme telle appartenant au
fidéjusseur (1), non-seulement quand il a obtenu lui-
même le jugement, mais encore lorsqu'il a été rendu
en faveur du débiteur principal, ou même de son cofidéjusseur, *res judicata secundum alterutrum eorum
alteri proficiet* (2). Il en était différemment pour les
*mandatores pecuniæ credendæ : plures ejusdem pecuniæ
credendæ mandatores, si unus judicio eligatur, abso-
lutione secuta non liberantur, sed omnes liberantur
pecunia soluta* (3).

6° Le fidéjusseur qui a prêté le serment déféré par
le créancier, a l'exception *jurisjurandi*, le magistrat
pourra même refuser l'action au créancier, lorsqu'il a

(1) L. 7, § 1 Dig., *De pactis*, 2, 14.
(2) L. 42 Dig., *De jurejurando*, 12, 2.
(3) L. 52, § 3 Dig., *De fidejussoribus*, 46, 1.

la certitude que le serment a été prêté, c'est ce qui aurait lieu, par exemple, si le serment avait été prêté devant lui, *in jure* (1).

Mais le serment vaut un payement, *loco solutionis cedit* (2) ; il en résulte que le fidéjusseur pourra se prévaloir du serment prêté par le débiteur principal ou par un autre fidéjusseur. C'est d'ailleurs ce qui est dit, pour le serment prêté par le débiteur principal, dans la loi 7, § 1er, *De pactis*, au Digeste, liv. 2, tit. 14, où l'exception *jurisjurandi* est rangée parmi les exceptions *rei cohærentes*. Quant au serment prêté par un fidéjusseur, il n'est pas douteux qu'il ne profite à l'autre fidéjusseur, puisque le jugement rendu au profit de l'un libère l'autre : or plusieurs textes assimilent le serment à la chose jugée (3). La loi 2 *De jurejurando*, au Digeste, liv. 12, tit. 2, va même jusqu'à dire que le serment a plus de puissance que la chose jugée, *majorem habet auctoritatem quam res judicata*.

Si le débiteur principal ou l'un des fidéjusseurs a refusé de prêter ou de référer (4) le serment déféré par le créancier *in jure* ou *in judicio*, ce refus nuira-t-il aux autres fidéjusseurs ? Avant Justinien, la question ne pouvait pas se poser, puisque la *litis contes-*

(1) L. 9 pr. Dig., *De jurejurando*, 12, 2.
(2) L. 27, *ibid.*
(3) L. 1 Dig., *Quarum rerum actio non datur*, 44, 5, et L. 42, § 3 Dig., *De jurejurando*, 12, 2.
(4) L. 38, *ibid.* « Manifestæ turpitudinis et confessionis est, nolle neo jurare, nec jusjurandum referre. »

tatio éteignait la dette; mais que décider depuis que l'effet extinctif de la *litis contestatio* a disparu? Il est certain que le refus de prêter le serment ne leur nuira pas, la raison en est dans la loi 1re au Code *Res inter alios acta*, 7, 60 : *inter alios res gestas aliis non posse præjudicium facere sæpe constitutum est*. Et de plus, l'aveu qui résulte du refus de prêter ou de référer le serment, doit être assimilé à la chose jugée, conformément au principe *confessus in jure pro judicato est* (1); or, la chose jugée ne nuit qu'à celui qui a été condamné : *sæpe constitutum est res inter alios judicatas aliis non præjudicare* (2).

Par analogie, il faudrait décider que si le serment a été déféré par le débiteur principal, ou par un fidéjusseur, et prêté par le créancier, l'action de *jurejurando* ne serait pas donnée contre les autres. Il n'y a pas de textes sur ce point (3).

Au contraire, si le serment n'a été ni prêté ni référé par le créancier, les autres fidéjusseurs auraient une exception pour repousser sa poursuite, puisque l'aveu implicite du créancier doit être assimilé à un jugement qui le condamnerait.

7° Le fidéjusseur peut être libéré par l'extinction de l'obligation principale résultant d'un certain laps de temps; en effet, la prescription invoquée ne laisse rien subsister de l'obligation (4) ; or le fidéjusseur

---

(1) L. 4 Dig., *De confessis*, 42, 2.
(2) L. 63 pr. Dig., *De re judicata*, 42, 1.
(3) M. Demangeat, *Des obligations naturelles*, p. 94.
(4) M. Machelard, *Des obligations naturelles*, p. 467.

peut l'invoquer, car ce n'est pas une exception *pei-sonæ cohærens*, la considération de la personne n'y entre pour rien. Les actions honoraires, en général, ne durent qu'un an (1) ; et quant aux actions civiles, elles devinrent prescriptibles par 30 ans, en vertu d'une constitution de Théodose le jeune (2). Les textes ne décident pas si l'interpellation faite au débiteur principal interrompra la prescription à l'égard des fidéjusseurs.

8° Enfin, le fidéjusseur peut invoquer la sentence arbitrale rendue au profit du débiteur principal ou de son cofidéjusseur, s'ils y ont intérêt (3). Ce n'est pas, à proprement parler, un mode d'extinction de la dette *exceptionis ope ;* car la loi 2, *De receptis* au Digeste, liv. 4, tit. 8, porte ce qui suit : « *placet ex-* » *ceptionem non nasci, sed pœnæ petitionem* », mais c'est un moyen indirect d'échapper au payement d'une obligation qui, d'après le droit civil, continue d'exister.

Ce n'est pas seulement la nullité ou l'extinction de son obligation que le fidéjusseur peut opposer au créancier, ce sont encore les bénéfices suivants qui forment une troisième classe de moyens de défense :

Troisièmement. — Bénéfices de discussion, de division, de cession d'actions.

(1) L. 25 pr. Dig., *De obligationibus et actionibus*, 44, 7.
(2) L. 3 Code, *De prescriptione xx, vel xxx annorum*, 7, 39.
(3) L. 29 et 34 pr. Dig., *De receptis*, 4, 8.

1. *Bénéfice de discussion.*

Ce fut Justinien qui, par la Novelle IV, donna aux fidéjusseurs le bénéfice d'ordre ou de discussion. Il avait existé anciennement, au dire du rédacteur de la Novelle, mais toujours est-il qu'il n'était plus en usage dans le droit classique (1), si ce n'est au profit du *fidejussor indemnitatis.* On admettait communément que le créancier qui avait reçu un *fidejussor indemnitatis* ne pouvait le poursuivre qu'après avoir discuté le débiteur principal : il y a au Digeste un texte où le jurisconsulte Celsus émet une opinion différente : le créancier aurait pu valablement demander de *plano* au fidéjusseur la partie qu'on reconnaîtra que le débiteur principal n'aurait pas pu payer (2); mais ce système est réfuté, dans deux textes curieux, par le jurisconsulte Paul, qui démontre que la discussion du débiteur principal est un préliminaire indispensable (3).

Du reste, avant que les fidéjusseurs eussent obtenu le bénéfice de discussion, ils pouvaient détourner la poursuite du créancier en lui donnant mandat d'attaquer le débiteur principal; le créancier ne courait par là aucun risque, puisque, s'il n'était pas intégralement payé par le débiteur principal, il pouvait, par

---

(1) L. 2 et 5 Code, *De fidejussoribus*, 8, 41.

(2) L. 42 Dig., *De rebus creditis*, 12, 1. — M. Pellat, *Textes choisis*, p. 163.

(3) L. 116 Dig., *De verborum obligationibus*, 45, 1, et L. 21 Dig., *De solutionibus*, 46. 3.

l'action de mandat, recourir contre le fidéjusseur (1) ;
mais cependant, il n'était pas forcé d'accepter ce mandat, à moins qu'on ne l'eût dit dans le contrat de
fidéjussion.

L'introduction du bénéfice de discussion dans la
législation romaine, avait été précédée d'une autre
réforme qui en était le préliminaire naturel, l'aboli-
tion de l'effet extinctif de la *litis contestatio*. En effet,
il était impossible de forcer le créancier à discuter le
débiteur principal, si cette discussion eût dû lui faire
perdre son action contre le fidéjusseur.

La Novelle ne se borne pas à donner une exception
au fidéjusseur, elle ordonne au créancier d'agir d'a-
bord contre le débiteur principal, et cela est impor-
tant au point de vue des frais de poursuite : si le
créancier a commencé par poursuivre le fidéjusseur,
les frais de cette action prématurée resteront à sa
charge. Cependant, si le débiteur principal est ab-
sent, le créancier peut s'adresser directement au fidéjusseur, celui-ci peut seulement demander au juge
un délai suffisant pour pouvoir représenter le débiteur principal (2).

Les *argentarii*, quoiqu'ils fussent soumis comme
tout le monde à la discussion, lorsqu'ils étaient créanciers, ne pouvaient pas s'en prevaloir lorsqu'ils
étaient débiteurs (3) ; ils pouvaient seulement conve-

(1) Institutes, III, 26, § 2, *De mandato*.
(2) Novelle IV, chap. 1.
(3) Novelle IV, chap. 11, § 1er.

nir (comme tout créancier pouvait le faire), que la discussion ne serait pas nécessaire. C'est ce qui est dit dans la Novelle 136, chap. I, qui ne leur accorde pas en cela une faveur, mais qui, en rejetant la demande qu'ils avaient faite d'être placés dans le droit commun, leur réserve, sous forme de faveur, suivant la politesse administrative du temps, ce qui était permis à tout le monde.

2° *Bénéfice de division.*

Plusieurs fidéjusseurs ont cautionné la même dette ; celui d'entre eux que le créancier poursuivra, pourra exiger, en vertu d'un rescrit de l'empereur Adrien, que le créancier divise sa poursuite entre tous les fidéjusseurs solvables au moment de la *litis contestatio* (1). Une loi Furia, rendue en l'an 659 de la fondation de Rome, avait accordé aux *sponsores* et aux *fidepromissores* un bénéfice de division très-dur pour le créancier ; il devait diviser lui-même son action, sous peine de déchéance, entre tous les *sponsores* ou *fidepromissores* solvables ou non (2). Le bénéfice introduit par Adrien n'a pas ce caractère de rigueur.

Le bénéfice de division doit être invoqué *in jure* (3) ; deux cas peuvent se présenter :

1° Si les parties sont d'accord sur les faits qui doivent servir de base à la division, par exemple sur la solvabilité, le nombre des fidéjusseurs..., etc., le

(1) Gaius, III, § 121.
(2) *Ibid.*
(3) L. 10 Code, *De fidejussoribus*, 8, 41.

magistrat délivrera une formule dans laquelle il per-
mettra au juge de condamner pour une partie seulement ; en effet, le magistrat a eu les éléments néces-
saires pour faire lui-même la division.

2° S'il y a une contestation, par exemple sur la
solvabilité du fidéjusseur, le magistrat ordonne au
juge de condamner pour la totalité de la dette, à
moins que le juge ne reconnaisse qu'il y a des fidéjusseurs solvables, cas dans lequel il devra faire la division entre eux (1).

Lorsque la division est faite au profit d'un fidéjusseur, c'est seulement lui qui peut s'en prévaloir ;
si le créancier agit contre un autre, il pourra lui demander tout ce qui lui est encore dû, sauf le droit
pour le fidéjusseur poursuivi en second lieu d'opposer lui-même le bénéfice de division.

Le fidéjusseur qui a contesté sa qualité, est déchu
du bénéfice de division (2) ; et les fidéjusseurs fournis
par un tuteur ne peuvent pas l'invoquer ; c'est une
faveur pour le pupille, qui n'a pas choisi son tuteur (3).

Le bénéfice de division fut étendu par les jurisconsultes aux *mandatores pecuniæ credendæ,* (4) et par
Justinien aux *constituentes* (5).

3° *Bénéfice de cession d'actions.*

Le fidéjusseur a le droit d'exiger, en payant la

---

(1) L. 28 Dig., *De fidejussoribus,* 46, 1.
(2) L. 10, § 1 Dig., *De fidejussoribus,* 46, 1.
(3) L. 12 Dig., *Rem pupilli vel adolescentis salvam fore,* 46, 6.
(4) L. 7 Dig., *De fidejussoribus et nominatoribus,* 27, 7
(5) L. 3 Code, *De constituta pecunia,* 4, 18.

dette, que le créancier lui cède ses actions; c'est la coutume qui avait établi un bénéfice (1) qui permet au fidéjusseur de recourir contre ses coobligés.

Si le fidéjusseur paye d'abord la dette, la créance étant éteinte, rien ne peut plus lui être cédé (2). Il en est de même si le fidéjusseur laisse délivrer la formule contre lui, car la *litis contestatio* a épuisé le droit du créancier à l'égard du débiteur et des autres fidéjusseurs. Il faut donc que la cession soit demandée, non-seulement avant le payement, mais même avant la *litis contestatio.*

Après avoir demandé la cession des actions, le fidéjusseur payera-t-il? Non, car les actions s'éteindraient; on trouva un expédient : le fidéjusseur est censé acheter les droits du créancier, et la cession se réalise au moyen d'un mandat de les exercer que le créancier lui donne (3).

Si le créancier refusait de céder ses actions, le magistrat ne lui délivrerait pas de formule contre le fidéjusseur, ou bien, s'il y avait quelque point litigieux à régler, il délivrerait l'action en y inscrivant l'exception de dol (4).

Le *mandator pecuniæ credendæ* pouvait demander la cession des actions du créancier contre les autres *mandatores* jusqu'au payement (5), et contre le

(1) L. 17 Dig., *De fidejussoribus*, 46, 1.
(2) L. 39, *ibid.*
(3) L. 36, *ibid.*
(4) L. 65 Dig., *De evictionibus*, 21, 2.
(5) L. 41, § 1, Dig., *De fidejussoribus*, 46, 1.

débiteur principal, même après avoir payé (1).

Le créancier cède ses actions au fidéjusseur telles qu'il les a, utiles ou non (2); en effet la fidéjussion est un contrat unilatéral, le créancier n'est obligé à rien envers le fidéjusseur.

Il en est autrement pour le *mandator pecuniæ credendæ* (3).

SECTION 2°. — *De quelques conséquences du payement fait par le fidéjusseur ou par le débiteur principal.*

I. On peut supposer que le fidéjusseur ou le débiteur principal a payé, avant la condamnation, mais depuis la *litis contestatio*; devra-il être absous ? Il y avait controverse : les Proculiens n'admettaient pas en cas pareil l'absolution dans les actions de droit strict; ils pensaient sans doute qu'il y avait novation ; les Sabiniens admettaient que le défendeur sera absous dans toutes les actions (4). C'est l'opinion adoptée par Justinien (5).

II. Le créancier a consenti à recevoir en payement une chose autre que celle qui était due, et il subit une éviction. Quel recours aura-t-il contre celui qui a payé ? Les textes présentent des divergences : dans

(1) L. 95, § 10, Dig., *De solutionibus*, 46, 3.
(2) L. 45, § 1, Dig., *De fidejussoribus*, 46, 1.
(3) L. 95, § 12, Dig., *De solutionibus*, 46, 3.
(4) Gaius, IV, § 114.
(5) Institutes, IV, 12, *De perpetuis et temporalibus actionibus* § 2.

7

certaines lois, on dit que l'ancienne obligation subsiste (1) ; d'autres décident que le créancier aura un
recours en indemnité au moyen de l'action *utilis ex
empto* née de la dation en payement (2).

Avec cette action, le créancier pourra se faire in-
demniser de tout le tort que lui cause l'éviction, mais
toutes les sûretés accessoires ont disparu ; au contraire, s'il pouvait invoquer son action primitive, il
conserverait avec elle les fidéjusseurs, les hypothèques, et toutes les autres sûretés qui s'y rattachaient.

Il paraît impossible de concilier ces textes ; les
uns sont conçus dans l'esprit de la doctrine sabi-
nienne, les autres reproduisent les théories des Proculiens. L'école proculienne, en effet, s'attachait à distinguer les opérations juridiques qui présentaient
des caractères différents ; ils distinguaient l'échange
de la vente, la dation en payement du payement, et
en général ils donnaient en matière de contrats in-
només l'action *præscriptis verbis* ; mais ici, ne trou-
vant pas dans l'opération la *res* nécessaire pour baser
cette action, ils ont cherché quelle action ils pour-
raient donner ; alors, appliquant l'analyse au fait juridique de la dation en payement, ils y ont vu une
vente faite par le débiteur à son créancier, et une
compensation entre le prix dû par le créancier et le
montant de l'obligation du débiteur. Il résultait de
là que le créancier évincé devait avoir une action

(1) L. 46 pr. et L. 98 pr. Dig., *De solutionibus*, 46, 3.
(2) L. 24 pr. Dig., *De pigneratitia actione*, 13, 7. — L. 4 Code,
De evictionibus, 8, 45.

utilis ex empto (1), qui, comme l'action *præscriptis ver-bis* (2), est une action de bonne foi.

DEUXIÈME PARTIE.

DES RAPPORTS DIRECTS OU INDIRECTS DU FIDÉJUSSEUR AVEC LES TIERS.

On se bornera à marquer les choses les plus sail-lantes, car d'une part l'analogie qui existe dans cette matière entre le droit romain et le droit français, et d'autre part le silence des textes sur un très-grand nombre de points essentiels, rendraient superflu ou conjectural un développement de quelque étendue.

1° Le bénéfice de division, les différents modes d'extinction de la dette, et le bénéfice *cedendarum ac-tionum*, sont les trois causes qui mettront les cofidé-jusseurs en rapport d'intérêts, ou en présence les uns des autres.

Quant à l'extinction de la dette du chef d'un fidé-jusseur, les autres peuvent l'invoquer dans le cas où une *orrus debendi* non associé avec ses *correi* le pourrait. Ainsi, les modes suivants éteignent la dette *erga omnes* : 1° le payement ; 2° l'*acceptilatio* ; 3° la novation ; 4° la *litis contestatio* ; 5° le pacte de con-

---

(1) M. Demangeat, *Cours de droit romain*, II, p. 410.
(2) Instituts, *De actionibus*, IV, 6, § 28.

stitut; 6° le serment ; 7° la chose jugée ; 8° la perte de l'objet (excepté le cas où il a péri par la faute d'un des fidéjusseurs); 9° la compensation prononcée par le juge ou convenue entre le créancier et l'un des fidéjusseurs. Cette énumération n'est que le résumé de ce qui a été exposé plus haut, au sujet des rapports du fidéjusseur avec le créancier.

2° On peut se demander quelle est la position d'un fidéjusseur à l'égard des *correi debendi* du débiteur qu'il a cautionné, et à l'égard de leurs fidéjusseurs.

1re *hypothèse*. — De deux *correi debendi*, l'un a fourni un fidéjusseur.

2° *hypothèse*. — Chacun d'eux a fourni un fidéjusseur.

Ces deux hypothèses sont prévues dans la loi 6, §1, *De duobus reis*, au Digeste, liv. 45, tit. 2.

— Dans le premier cas, le fidéjusseur peut-il exiger la discussion du débiteur qu'il n'a pas cautionné? C'est un des points sur lesquels les textes sont muets (1); cependant il paraît certain que le fidéjusseur n'a pas ce droit, car il résulte de plusieurs textes (2) que la qualité de fidéjusseur n'est pas absolue, qu'on n'est pas défijusseur en général, mais de telle personne; si donc celui qui a cautionné Primus ne doit pas être considéré comme fidéjusseur de Secundus, en quelle qualité pourrait-il exiger la discussion de Secundus?

---

(1) M. Demangeat, *Des obligations solidaires*, p. 136.
(2) L. 43 et 51, § 2, Dig., *De fidejussoribus*, 46, 1.

Du reste, le fidéjusseur, après avoir payé, pourra
recourir contre ce tiers au moyen des actions du
créancier, s'il a eu soin de se les faire céder ; et à l'inverse, si c'est le codébiteur solidaire non cautionné
qui paye la dette, il aura un recours semblable contre
le fidéjusseur de son *correus* (1).

Mais dans quelle mesure le fidéjusseur peut-il agir
contre ce tiers, ou ce tiers contre le fidéjusseur? On
n'avait pas considéré, en droit romain, le *correus de-*
bendi comme étant pour partie fidéjusseur de son
correus (2), et c'est là un point certain : 1° parce que
le *correus debendi* qui a payé n'a pas de recours contre son coobligé, à moins qu'ils n'aient fait un contrat de société entre eux (3) ; au contraire, le fidéjusseur a de plein droit un recours contre le débiteur
principal (4); 2° parce que la mise en demeure d'un
débiteur n'a pas d'effet contre son *correus*, tandis que
la mise en demeure du débiteur principal nuit au
fidéjusseur (5); 3° parce que le débiteur ne peut pas
toujours invoquer la compensation du chef de son
codébiteur, tandis que le fidéjusseur peut toujours
l'invoquer du chef du débiteur principal (6).

Cette première idée étant écartée, il faut évidemment donner au fidéjusseur un recours pour moitié

(1) M. Demangeat. *Des obligations solidaires*, p. 134 et s.
(2) M. Demangeat, p. 140 et note 2.
(3) L. 62 pr. Dig., *Ad legem Falcidiam*, 35, 2.
(4) Institutes, III, 20, *De fidejussoribus*, § 6.
(5) L. 32, § 4, Dig., *De usuris*, 22, 1. — L. 88, Dig., *De verbo-*
rum obligationibus, 45, 1.
(6) L. 10 Dig., *De duobus reis*, 45, 2.

et non pas pour le tout : si le débiteur qu'il a cautionné est insolvable, cette moitié restera ainsi à sa charge ; et en effet, c'est ce qu'il faut décider dans l'hypothèse corrélative à celle-ci, c'est-à-dire quand c'est le débiteur non cautionné qui a payé : il peut réclamer, au moyen des actions du créancier, la moitié de la dette au débiteur principal (1) ou au fidéjusseur ; or, si le fidéjusseur est forcé de payer, la moitié de la dette, vu l'état d'insolvabilité du débiteur qu'il a cautionné, sera définitivement supportée par lui.

Autre point. Des causes d'extinction de la dette peuvent se produire du chef du tiers non cautionné ; quelles sont celles que le fidéjusseur de l'autre *correus* pourra invoquer?

D'abord il profitera de celles qu'un *correus* non associé pourrait invoquer, puisqu'il est avec ce tiers dans la position d'un *correus debendi*. Ces causes d'extinction ont été énumérées un peu plus haut (2), à propos des rapports des cofidéjusseurs entre eux.

De plus, comme le fidéjusseur qui a payé peut recourir dans une certaine mesure contre ce tiers non cautionné, il pouvait sans doute invoquer dans la même mesure le pacte *de non petendo in rem* intervenu entre le créancier et ce tiers, car le tiers y a intérêt à cause des recours que le fidéjusseur aurait contre lui s'il était forcé de payer. Il faut sans doute

---

(1) L. 65 Dig., *De evictionibus*, 21, 2.
(2) P. 99 et 100.

décider la même chose pour la compensation, la confusion, et le legs de libération.

— Dans le deuxième cas, lorsque chacun des *correi* a fourni un fidéjusseur, l'un de ces fidéjusseurs ne peut pas demander la division de la dette (1), car il n'y a pas là deux fidéjusseurs de la même personne ; ils ont répondu chacun pour un débiteurs différent. Mais l'un d'eux ayant payé pourra réclamer à l'autre, ou au *correus* cautionné par celui-ci, la moitié de ce qu'il a payé. Quant aux causes d'extinction, celles qui, se réalisant dans la personne d'un des fidéjusseurs, peuvent être invoquées par l'autre, sont celles qu'un *correus debendi* non associé, ou un cofidéjusseur pourrait invoquer.

3° Le fidéjusseur qui s'est fait céder les actions du créancier, peut sans doute recourir contre le tiers qui a hypothéqué sa chose pour la sûreté de la dette, ou faire vendre le gage fourni par un tiers, mais comme la cession d'actions repose sur l'équité, il ne pourra lui demander que ce qu'il pourrait demander à un cofidéjusseur. Le tiers avait peut-être le même droit, lorsque le créancier non payé intentait contre lui l'action hypothécaire pour se faire remettre la chose hypothéquée, et que celui-ci offrait de le payer. Mais si le tiers avait donné sa chose en gage, on ne voit pas comment il pourrait forcer le créancier à lui céder ses actions, puisque le bénéfice *cedendarum actionum* se réalise au moyen d'une exception

(1) L. 43 et 51, § 2, Dig., *De fidejussoribus*, 46, 1.

que l'on oppose à la poursuite du créancier ; or, ici,
le créancier ne demande rien au tiers, il est nanti
du gage, puisque le gage suppose la possession, et il
le fait vendre sans poursuivre personne.

———

POSITIONS.

—

DROIT CIVIL FRANÇAIS.

1. La caution solidaire, comme la caution simple, peut invoquer l'art. 2307 du Code civil (1).

2. La caution solidaire, comme la caution simple, peut opposer la compensation de ce que le créancier doit au débiteur principal.

3. Le jugement rendu entre le créancier et le débiteur principal, ne peut ni nuire, ni profiter à la caution (2).

4. La caution qui a payé en dehors des cas prévus par l'art. 2032 du Code civil, n'a pas l'action de gestion d'affaires contre les autres cautions; mais elle peut recourir contre elles au moyen de la subrogation (3).

(1) P. 12 et 13.
(2) P. 24 et s.
(3) P. 45 et s.

5. Dans les rapports des codébiteurs solidaires entre eux, chaque débiteur solidaire est une caution, quant à la partie de la dette qu'il ne doit pas supporter définitivement (1).

6. Il peut arriver quelquefois que le tiers détenteur ait le droit de recourir contre la caution (2).

DROIT ROMAIN.

I. Lorsqu'un fidéjusseur a promis une somme d'argent plus forte, ou une quantité de choses plus grande que celle qui est due par le débiteur principal, son obligation n'est pas nulle pour le tout, mais seulement pour ce qui dépasse le montant de l'obligation principale (3).

II. Si le créancier est évincé de la chose qui lui a été donnée en payement par le débiteur principal ou par le fidéjusseur, suivant certains jurisconsultes, il a conservé son action primitive, suivant d'autres il a l'action *utilis ex empto* (4).

III. Il y a antinomie entre la loi 42, *De rebus creditis* (de Celse), Digeste : liv. 12, tit. 1 ; et les lois 116

(1) P. 50 et s.
(2) P. 61 et s.
(3) P. 74 et 75.
(4) P. 97 et 98.

De verborum obligationibus (d'Ulpien), Digeste : liv. 45, 1 ; et 21, *De solutionibus* (également d'Ulpien), Digeste : liv. 46, tit. 3. Les jurisconsultes Celse et Ulpien étaient en désaccord (1).

IV. Lorsqu'un mineur de 25 ans *deceptus in re*, a obtenu la *restitutio in integrum*, le fidéjusseur ne participe pas, en règle générale, au bénéfice de la restitution.

HISTOIRE DU DROIT ROMAIN ET DU DROIT FRANÇAIS.

I. La *gens*, dans l'ancien droit romain, était la famille telle qu'elle exista primitivement chez les peuples de la race à laquelle les Romains appartenaient.

2. Il n'est pas démontré que l'institution d'héritier par testament fût inconnue des Gaulois ; il paraît même y avoir quelques raisons de penser qu'ils en faisaient usage. En conséquence, la règle qu'on ne peut pas faire d'héritier par testament viendrait du droit germanique et non pas du droit gaulois.

DROIT DES GENS.

1. Le droit des gens a pour objet d'assurer à

(1) P. 91.

l'individu l'indépendance à l'encontre de l'étranger, et le paisible exercice de ses facultés. Ainsi, les nations ne sont qu'une forme de l'existence des individus ; elles ne doivent pas les absorber, et elles sont soumises à leur égard au respect de la morale.

D'où il suit :

2. Que s'il est de droit naturel pour l'individu, de se séparer d'un peuple pour aller vivre chez un autre peuple, de même il est de droit naturel pour un groupe d'individus qui faisaient partie d'une nation, de s'en séparer.

3. Que la guerre n'ayant pas lieu entre les individus, mais seulement entre les nations, la capture de la propriété privée en temps de guerre maritime n'est pas un acte légitime.

Vu par le Président de la thèse,

VALETTE.

Vu par l'Inspecteur Général délégué,

GIRAUD.

Vu et permis d'imprimer :
Le vice-recteur de l'Académie de Paris.

Pour le vice-recteur :
L'inspecteur de l'Académie,
FILON.

Paris.—Imprimerie de E. Donnaud, rue Cassette, 1.

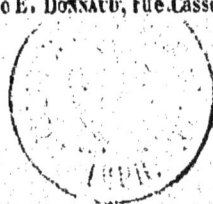

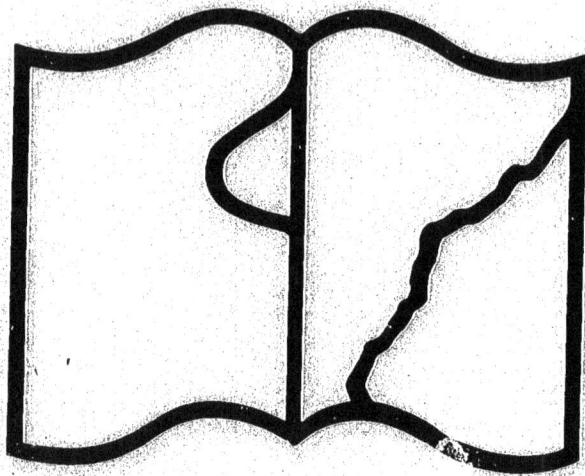

Texte détérioré — reliure défectueuse

NF Z 43-120-11

www.ingramcontent.com/pod-product-compliance
Lightning Source LLC
Chambersburg PA
CBHW071219200326
41519CB00018B/5591